僕らは、なにを武器に働けばいいのだろうか？

村井一雄

アスコム

ここで問題です。

77,920時間。

これ、なにを表す時間かわかりますか？

答えは、生涯、働いている時間です。

厚生労働省の調べによると、
令和４年のパートタイムで働く人を除いた
１年の労働時間は、１９４８時間だそうです。
そして、日本人は、約40年働くといわれています。
つまり、単純計算で７７９２０時間という
膨大な時間になるというわけです。

仕事に関して求めるものは、人それぞれです。
「バリバリ働いて、出世したい」という人もいれば、
「仕事よりも、プライベートを充実させたい」
「そんなに忙しくなくて、
高くなくても安定した給料をもらえれば、それでいい」
という人もいるでしょう。
ですが、77920時間を居心地がよく、
有意義で快適に過ごすのと、
いやいや我慢して過ごすのと、どちらがいいかと聞かれたら、
前者と答える人のほうが、多いのではないでしょうか。

そのために必要になってくるのが、

「仕事ができる人」＝「プロ」になることです。

仕事ができれば、給料が上がりやすく、
出世をする可能性が高くなります。

一方で、仕事ができなければ、
安定した給料を会社が
支払い続ける可能性が低くなります。

仕事が短時間で終わるようになれば、
残業も少なく「自分の時間」を確保することもできます。

職場での過ごしやすさも変わってきます。

「あの人は仕事をきちんとやっている」

「あの人に仕事を任せたい」

「あいつならやってくれる」

と、社内だけでなく、社外からも思われている環境のほうが、
仕事で注意され続けたり、

「○○さんは仕事ぶりがちょっと……」

「この仕事は、○○さん以外でお願いします」

などと周りで言われていたりする環境にいるよりも、
ストレスを受けることもなく、快適に過ごせるはずです。

また「仕事ができる人」＝「プロ」であれば、
あなたが勤めた会社が倒産しようとも、
不当に多くの仕事を押し付けられた、
上司や同僚とどうしても反りが合わない、
会社のやり方に我慢ができない、
そんなこんなで「もう会社にはいたくない」となっても、
転職や独立がしやすくなります。
もちろん「仕事ができる人」＝「プロ」に
すぐになることはなかなかできません。
ですが、**最短で到達するためのコツは、確かにあります。**

そのコツを教えるのが本書です。
それは、やろうと思えば誰でも実行に移せることですが、
技術や知識を身につけるよりも、大切なことです。
そのコツを知らないがために、または実践できないがために、
技術や知識を持っていても周りから認められない、
仕事がうまくいかない、という人を
これまで何人も見てきました。
そして、そのコツは、ＡＩが発達するなど、
時代が今後どのように変わっても、
決して変わることがなく大切なものです。

本書は決して、私の本職である設計の技術的なことを書いたものではありません。

すべての働く人に通じる、技術よりも大切な、働く上でのマインドを紹介したものです。

- これから社会に出るけど、うまくやっていけるか不安
- 会社に入ってしばらくたつけど、仕事が辛い
- 自分では一生懸命働いているつもりだけど、周りから評価されない
- 転職した会社でうまくいかない

というような悩みを抱えている方は、特に読んでほしいです。

ちょっとした意識や行動、考え方を変えることで、

■仕事を覚えるのが早くなる
■仕事での失敗が少なくなる
■1つの仕事にかかる時間や労力が少なくなる
■周りからの信用・信頼が高まる
■自分の意見が聞き入れられるようになる
■職場の人間関係が円滑になる
■仕事が楽しくなる

といった変化が、徐々に起きてくるはずです。

あなたの人生は、たった一度のもの。
その中の大切な77920時間が
不快と不満といった感情で
埋め尽くされるのではなく、有意義で楽しく、
少しでも幸せなものになるように。
心からそう、願っています。

僕らは、なにを武器に働けばいいのだろうか？　目次

はじめに　19

第1章　周りに認められている人は、なにが違うのか

僕らは、なにを求めて働くのだろうか？　30
働くのが「辛い」「面倒くさい」と感じる2つの原因　36
会社とはどのような集団であるのか　43
会社員だからこそそのメリットを利用する　48
「プロ」は、会社で働くことのデメリットを理解している　61
他者から認められる、一流の「プロ」の仕事術とは　71

COLUMN 中之島設計の中の人 入社2年目 男性
人生の1／3の時間を楽しむために、会社も成長させたい …… 81

第2章

最短で仕事ができる「プロ」になる働き方とは

「コスパ」よく成長していくための6つの力と1つのクセ …… 86
仕事を期限までに終えるのが「プロ」の第一条件 …… 90
あなたは大丈夫？　納期を守れない人の3つの特徴 …… 96
AIにはない「調整力」を武器にして、未来を生き抜く …… 105
「3つの壁」が、「相談しづらさ」を生み出す …… 111
相手の印象が、ぐっとよくなる相談のコツ …… 119
「計画崩壊」をよく起こす人のスケジューリングの仕方とは …… 126

なぜ、同じ意見なのに、評価が分かれてしまうのか　137
未来のピンチを救うお守りを手に入れる方法　147
仕事ができる人がやっている意外なクセとは　152
COLUMN　中之島設計の中の人　入社3年目　女性
残業を減らすために一番必要なのは、積極的な「相談」　157

第3章 「プロ」になる道半ばで挫折しないための心得

世の中の「焦りの波」にのみこまれずに、土台をつくる　162
お客様は、決して神様ではない　167
「言った、言わない論争」を回避するためのコツとは　171

新人のうちに気にすべきは、評価よりも自分の行動 175
なぜ今も「挨拶が大事だ」と言われ続けているのか 181
残業を減らす努力が、15年後の武器になる 187
成長スピードを速めるためにすべきこと 193
悩んだときに、真っ先に行くべき場所とは 199
ミスがなくならない人がしている大きな勘違いとは 204
「無責任」な「責任」を持って仕事をする 207
理不尽な人と仕事をするときに大切なこと 210
COLUMN 中之島設計の中の人 入社2年目 男性
積極的に資格を取って、知識の幅を広げる 214

第4章

チーム力を育てられる人になるために

あなたの価値をもう一段階上げるために必要なこと …… 218
作業のやり方を伝える前に、部下に教えるべきこと …… 221
マネジメントこそ、1人で抱え込む必要はない …… 224
パワハラと言われにくい、部下との接し方とは …… 228
「放任ハラスメント」が、実は一番部下を傷つける …… 232
部下の「大丈夫です」は、大抵、大丈夫じゃない …… 235
会社ならではの大切なコミュニケーションとは …… 238
COLUMN 中之島設計の中の人　入社2年目　男性
とことん疑うクセを持つことの大切さ …… 242

第5章

自分を成長させてくれる会社選びのコツ

「即戦力として期待している」と言う会社は危険 …… 246
会社を選ぶときに、大切な指標となるものとは …… 249
安定を考えるなら、ニッチなインフラ業界を狙え …… 258
質問に「自分で考えろ」と答える会社の未来は危うい …… 262
おわりに …… 264

はじめに

私が設備設計の業界に入ったのは、20代の頃です。

設備設計とは、建物の建築設備（電気・空調・衛生）に関する設計図を書く仕事になります。

いわば、**建物が生活空間、商業空間、職場空間として機能できるように命を吹き込むための仕事**です。

特に「この仕事をやってみたい」という強い思いがあったわけでもなく、「手に職をつけたいな」とか「早く独立して社長になりたい」とか、そんな漠然とした覚悟で飛び込んだ世界でした。

そこからおよそ30年、「自分が今まで業界の第一線で続けてこられたモチベーションはなんだったんだろうか」と自分なりに振り返って考えてみると、それは、「自分ができないことへの、そして周りから認められないことへのくやしさ」の一言につきます。

それこそ、ハラスメントという言葉がなかった時代。「仕事は他人の背中を見て覚えろ」で「人材教育」が盛んに語られるようになる、もうちょっと前のお話。

毎日、なにをどうしていいかわからないことばかり。社内から、そして社外からの叱咤《しった》激励《げきれい》(ものすごくいいように言えばですが)を受け続け、見様見真似でやってみてもうまくいかず、仕事もなかなか終わらない。

そのくやしさがバネになり、とにかく一生懸命、夜も遅くまで身を粉にして働きました。

それでもなかなかうまくはいかない。

「こんなの理不尽だ」と思うことが何度もありました。

「とにかく仕事を一生懸命やっていたら、金はあとからついてくる」というくらい、与えられた仕事をなにも考えずにこなしていたらいい時代でした。

実際、当時の私は、客先に行っても「質問に答えられなかったらどうしよう」とか、「早く打ち合わせ終わってくれないかな」といったことばかり考えていました。

そんなある日のこと、そのとき勤めていた会社の社長から「今週の土曜日にクライアントと打ち合わせがあるから行ってきて」と命じられました。

私が「なにか持っていくものがありますか？」と聞くと、社長は「この図面だけ持っていったらいいから」と答えただけでした。

私は一通り図面に目を通し、出てきた質問に答えればいいだけの仕事と簡単に考えて当日、打ち合わせに向かいました。

しかし、そこには意匠事務所（主に家の外観や内部のデザインを行う設計事務所）とクライアントであるオーナーが30人ほどが待ち構えていたのです。

簡単な打ち合わせだと思っていた私は、まずその規模に圧倒されました。

そして、私が席に着くなり、第一声「皆さんへの説明資料はないのですか？」と問われて頭が真っ白に。そこからは地獄でした。

クライアントからの質問にも、設計意図を理解していない私はまったく答えられず、最終的にはその場にいる全員から「なにしに来たんですか？」と集中砲火を浴び、あえなく退散。

私にとっては、この上ないくやしい経験でした。

適当なことを言って向かわせた社長に対しても不信感を覚えましたが、適当な心構えで臨んでいた自分にも腹が立ちましたし、すべてを社長のせいにしそうになっている自分がほんと情けなくて……。

この出来事が、私の負けん気の強さに火をつけました。

「これからは、誰にも絶対、文句を言わせるか」とばかりに、提案する図面に対して徹底的に調べるようになりました。

図面と一口にいっても膨大《ぼうだい》な種類にのぼります。

カタログや資料だけで、わからないこともたくさんありました。

まだインターネットで検索して調べるとかできない時代でしたので、どうしようもないときは、同僚や上司に聞いたり、それでもわからないことがあれば、メーカーの人に電話したりして、知識を蓄えていきました。

3年ぐらいたった頃でしょうか。

クライアントの前で身じろぎもできなかった私が、自分の意見を述べたり、「こうしたほうがいい」と提案をしたりするまでになりました。

それは、対クライアントだけのことではありません。

メーカーや協力事務所、それから先輩社員とも意見を交わし、喧々諤々《けんけんがくがく》やったものでした。

ときには、傍目《はため》から見たらけんか腰に見えたこともあったでしょうが、相手が気に食わないからと食ってかかっていたわけではありません。

設備のプロフェッショナルとして、エンジニアのプロとして、品質を守るためにやるべきことはやらなければならない。

言うべきことは言わなければならない。

そんなことを思うようになって仕事をしていくうちに、段々と周りからも認められるようになり、独立を果たすことができました。


ただ、独立してからも順風満帆《じゅんぷうまんぱん》ではありませんでした。

おかげさまで仕事の依頼は多くあるのですが、それをこなす人材がいない。

外注したら、それだけコストがかかりますし、支払いと入金のサイクルがうまくかみ合わずに、会社が回らなくなって廃業を考えたこともあります。

なんとか昔からの知り合いの助けを借りて、その場は乗り切ったのですが、「人を育てなければいけない」「仲間をつくらなければいけない」という思いが募り、人を育てることに重きをおくようになりました。


しかし、これもなかなかうまくいかない。

この道で何年もやっているベテランを雇ってもうまくいきませんでした。

確かに技術があっても、トラブルが多かったり、自分がやりたくない仕事は非協力的だったりと、やりたい放題でした。

私も「技術は盗め」の時代だったので、うまく仕事を教えられなかったというのもあるでしょう。

それでも、時間をかけて何度もトライ＆エラーを繰り返す中で、ようやく今、20数人と人数は多くはないですが、頼れるプロフェッショナルな仲間たちと仕事ができるようになりました。

そんなこれまでの人生を振り返ったり、社長としてさまざまな業種の人に会っていろいろな話をしたりして気づいたのは、**「プロ」と周りから認められるようになる人とそうではない人には、決定的な違いがある**ということです。

それは「技術」や「才能」ではありません。

確かにそういったものも重要ですし、あったに越したことはありません。

しかし、「技術」もしくは「才能」があっても、周りからほとんど認められていないという人にも多く出会いました。

決定的な違いを生み出しているもの。それは、「働き方」です。

「プロ」と呼ばれている人は、どの業種でも共通して、仕事に関する同じような考え方や取り組み方をしているのです。

それを「働き方のコツ」としてまとめたのが本書です。

ただ、そのコツは、残念ながら未経験者がすぐに「プロ」と呼ばれる人材になるといった魔法のようなものではありません。

「プロ」と呼ばれる存在が、そんなちょっとしたコツを覚えただけですぐに簡単になれるものであるならば、周りは重宝しないでしょう。

もちろん個人差があるでしょうが、そこまでの域に達するためのスタートラインに立てるのも、3年ぐらいの時間がかかるものです。

ですが、**3年かかっても、40年働くのであれば、残りの37年間は「プロ」として働き続けられる**可能性が十分にあります。

そして、「働き方のコツ」を知っていれば、自分の成長速度や周囲からの評価が上がりやすくなります。

今、非常に「コスパ」が求められている時代ですが、コツさえつかめば「働く時間のコスパ」はぐっとよくなります。

『はじめに』で、一生で働く時間は77920時間もありますよといいましたが、その**働いている長い時間の「コスパ」をよくすることは、人生にも大きな影響を与える**ことは、間違いありません。

では、どうすれば「プロ」と認められる人材になれるのか。そのコツとはなんなのかをこれから語っていこうと思いますが、まずは、なぜそのコツが「プロ」へと結び付くのかを知ってもらうためにも、会社で働くこととはなんなのか、周りから評価されるとはどういうことなのか、といったところから話していきます。

また、章の合間には、コラムとして社員たちに、自分たちがこれまで働いてきた中で、なにに悩み、なにに苦労したのか、これからどうしていきたいのかといったことをざっくばらんに語ってもらっています。

もしかしたら、私の語っていることとは、まったく違っていることを言っていたり、会社への不平不満もあったりするかもしれません。

私は、彼や彼女がなにを書いているのか、今の時点でまったく知りませんし、できるだけそのまま載せたいと思います。

なぜなら**「プロ」を目指している彼や彼女が歩んでいるリアルな道のりを知ることが、なにかしらの皆さんの役に立つと思う**からです。

少しでも本書があなたの社会人ライフのお役に立てれば幸いです。

株式会社中之島設計 代表取締役　村井一雄

第1章

周りに認められている人は、なにが違うのか

僕らは、なにを求めて働くのだろうか？

「なんのために働くのでしょうか？」

就活のときなどにさんざん聞かれた質問かもしれませんが、せっかくの機会なので、今一度、考えてみてはいかがでしょうか。

「お金のため」「生活していくため」というのは、はじめに出てくる端的であり率直な答えでしょう。

もちろん収入を得ることは、生きていくために欠かせないことです。

なにより労働を提供して、生きるための糧を得るというのは、狩りをして食料を得るのと同じで、人間が太古より行ってきた行為です。

今に生きる私たちは、サービスや商品、労働、さまざまなものを提供することでお金を得て、それをもとに生活をする。仕事の大前提であり、生きるために必要であることに間違いないのです。

ただ、**働きはじめれば、1日の多くの時間を会社で過ごし、仕事に費やす**ことになります。

それなのに、得られるものがお金だけ（もちろんお金は大切ですが）、というのはあまりにも時間を無駄にしているように感じませんか？

大丈夫です。

働くことで得られることは、よくよく考えれば、お金以外にもたくさんあります。

「お金以外に働いて得られるものってなんだと思う？」と社員に聞いてみると、次のような答えが返ってきました。

■一生困らないスキル
■人間的な成長
■一人前の証
■社会に役立っているという実感
■好きなことをとことん追求して知識欲を満たせる

実にいろいろな答えがあるものだと感心しました。
あなたはどうですか？

「確かにこんなことが得られるのかもしれないな」と納得された方もいらっしゃるでしょうし、ここに挙げてあること以外が頭の中に思い浮かんだ方もいらっしゃるかもしれません。

いずれにしろ、**働くということには、収入を得るだけでなく、実は多様なものを得られる、いわば「チャンスの時間」**なのです。

特に、私が働くことで得られるものとして着目したいのが、次の2点です。

- 一人前の証
- 社会に役立っているという実感

仕事を通して「周りの人に自分を認めてもらうことで、自分の価値を見出せる」という点です。

最近の言葉でいうと「**自己肯定感の向上**」というものでしょうか。

人間は褒《ほ》められると単純にうれしいですし、誰かの役に立てればそのことに喜びを感じるものです。

新入社員なら、入社して収入を得るようになれば、「もう○○も立派な社会人なんだね」と親に一人前になったことを認めてもらえます。

うれしい瞬間でもあり、社会人になった証として、お給料からなにか親にプレゼントでも買ってあげたいという気持ちにもなるかもしれません。

そのほかにも、ビジネスシーンでは「同僚からありがたがられた」「クライアントから感謝された」「大きなプロジェクトに選出された」「昇進した」「表彰された」など、さまざまな形で自己肯定感を向上してくれるイベントがたくさんあります。

そのような**仕事で得られる自己肯定感は、「仕事でしか味わえない質のよさ」を持ち合わせています。**

「仕事は辛くて、いやなもの」「楽しいことは、プライベートにしかない」、そんな考え方をする人もいるかもしれませんが、そんなことはありません。

楽しいこと、面白いこと、うれしいこと、そして自己肯定感を向上してくれるといった、あなたを幸せな気持ちにしてくれることが仕事や会社にも山ほどあるのです。

もちろん、苦しいことや大変なことが、たくさんあるのも事実です。

あなたを幸せな気持ちにしてくれるようなイベントには、労力が伴わないとなかなか出会わないということもあり、心が折れそうになるかもしれません。

ですが、例えばゲームやスポーツでも「できた」という快感を得るためには、それなりの面倒くさいことをしなければいけないのと同じように、**仕事の苦労の先には、さまざまな物質的、精神的な「ごほうび」が必ず待っています。**

仕事の時間を辛くて、いやな時間と一元的に決めつけて、いやいや過ごすのではなく、仕事は自分を幸せにしてくれるものが得られる「チャンスの時間」と考えてみてはどうでしょう。

なぜなら、いやいや過ごしていては、自己肯定感を向上してくれるようなイベントも、そのほかの仕事を通して得られることも手に入りづらいからです。

ぜひ、仕事にもあなたを幸せにしてくれることがあると前向きにとらえ、自分の持っているものを出し切って、過ごしてみてください。

それは、きっとあなたの人生そのものの幸せにつながります。

事実、**「仕事の幸福度」が高い人は、「自分の生活や人生への幸福度」も高いという調査結果もある**のです。

働くのが「辛い」「面倒くさい」と感じる2つの原因

通勤電車に揺られているビジネスパーソン、もしくは自分の姿を思い浮かべてみてください。

精気の抜けた顔で座っている、どこか疲れた表情で吊り革をにぎっている、そんな姿が思い浮かんだ方もいらっしゃるのではないでしょうか。

学生時代、私もそんな人たちの姿を見て、仕事ってつまんないんだろうな、辛いんだろうなと思っていたこともありました。

もしかしたら、まだ学生の方などは、当時の私と同じようなことを感じ、働くことに不安やマイナスイメージを持っているかもしれません。

本書を読んでいるビジネスパーソンの中には、通勤電車に乗るたびに、「通勤するのだるすぎる」「今日、会社に行くの、いやだなー」と憂鬱《ゆううつ》になる方もいらっしゃるかもしれません。

でも、通勤電車に揺られている人が辛そうに見えるからといって、仕事が辛いわけではありません。

通勤電車は誰にだって辛いもの。しかし、それを乗り越えて職場に行けば、通勤時間で感じた辛さを余裕でかき消す幸せが得られる可能性が待っています。

一方で、働くのが辛い、面倒くさいという人もいます。

私は、**働くのが辛い、面倒くさくなるのには、大きく2つの理由がある**と思います。

1つは、仕事がうまくこなせていないことです。

仕事がうまくいっていない＝仕事で得られる幸せもないのですから、辛いのは当たり前です。

もし、仕事で得られる幸せがあるのであれば、通勤が楽しくなるということはないとしても、通勤ごとに憂鬱な気持ちにまではならないのではないでしょうか。

仕事がうまくいかない理由は、自分自身の問題だけではない場合もあるので一概にはいえませんが、日々仕事をこなしていき、経験を積んで、**周りから「プロ」と認められるような人材になることが、仕事がうまくいくようになる一番の近道**ではないかと考えます。

その道自体が辛い、大変だということはあると思いますが、道もわからずゴールも知らずに歩んでいるのと、道とゴールがはっきり見えている状態で歩んでいるのとでは、その途中の辛さが違いますよね。

だからこそ、「プロになる」というゴールをもって（「プロ」になってからも新たに「プロ」としてのスタートを切ることになりますが）、まずはそれを目指して働くことはとても意義のあることだと思うのです。

できるだけ最短でそのゴールにたどり着くための「働き方のコツ」を第2章からは語っていくことになります。

朝から夜遅くまで働いても一向に報われない。

「こんなに頑張っているのに……」「周りがわかってくれない」などと思うときは、「働き方のコツ」が間違っている恐れがあります。

働くのが辛い、面倒くさくなる理由の2つ目は、周りと合わないということがあります。

法律無視のブラックな会社やハラスメントが多い会社などは論外とはいえ、会社の数ほど求められる働き方が違いますし、そこで働く人がどういう人かによって職場環境も違うため、会社に合う、合わないというのはあります。

そのため「一生懸命に働いても、周りから評価されない」「いつまでたっても仕事が終わらない」などと感じて、働くのが辛い、面倒くさくなるということがあるのだと思います。

もし今の会社が「合わない」「働くのが辛い」と感じるならば、転職などを考えるのも1つの手です。

ただし、注意しておきたいのが、自分の働き方を今一度見直してほしいということです。

自分が会社で与えられた役割を果たしているのか、与えられたものをこなすための行動を実践できているのかということです。

そこがうまく実践できていないがために、評価されない、なにをやっても仕事がうまくいかずに、働くのが辛い、仕事が嫌いという結論にいたってしまっているということではないでしょうか。

もし、あなたが**会社から求められていることを実践できて、周りから評価されたり、仕事がうまく運ぶようになったりすれば、実はあなたに合う職場かもしれません。**

また、自分自身で働きやすい環境をつくることも大切です。

辞めることが決まったあとで、「自分は会社についてこういう風に思っていた」「仕事でのこういうところが不満だった」と話してくる人がいます。

話を聞いていくうちに「確かにうちとは合わないかも」と思うことも多いですが、「もっと早く言ってよ、言ってくれていたら改善できたのに」と後悔を覚えることも少なからずあります。

もちろんそういったことを拾い上げることができなかった管理職側の問題もあるのですが、エスパーではないので、1人ひとりの隠された気持ちまで気を配れないことがどうしてもあります。

言ってなにも改善されなかったり、納得のいく説明がされなかったりすれば、合わない会社だと判断すればいいだけの話です。

言わずに辞めてしまうのは、非常にもったいないことです。

あなたも、会社という環境の一要素なのですから、まずは、自分自身で働きやすい環境に変えるための行動を起こしてみてはどうでしょうか。

すぐに「この会社は合わない」と断じて、次の会社を探すのではなく、まずは自身の在り方を見直してみることをおすすめします。

それは単純に、あなたの能力がないとか、仕事にやる気がないとかいうものではなく、**「働き方のコツ」を知っているか、理解した上でそれを実践できているかどうか**です。

それを知らなければ、たとえ次の会社に移ったとしても、また「周りから評価されない」「仕事が終わらない」と悩むという同じ轍《てつ》を踏んでしまう可能性が高くなってしまうのです。

会社とはどのような集団であるのか

「プロになる」というゴールをもって働くことが大切といいましたが、では、「プロ」とは一体どういう人材なのでしょうか？

まず大前提として、**その人を「プロ」とならしめているのは、周りからの評価**です。

自分で「プロ」と名乗っていても、周りから「あの人には仕事を回したくない」などと思われているようでは、「プロ」とはいえません。

「自称プロ」でしかありません。

では、「プロ」と評価してくれるのは誰なのでしょう。

それは**主に「あなたの所属している会社」と「仕事を発注してくれる会社（もしくは人）」の2つ**です。

では「所属している会社」から「プロ」と評価を受けている人はどんな人なのかを説明するために、「会社」で働くとはどういうことかを考えてみたいと思います。


会社とは、商品やサービスを提供して利益を得ること、そしてより収益を増やすことを目的に活動する組織です。

そして、その収益から、社員に給料を支払うのです。


当社であれば、建築設備の設計図書（建物を建築するために必要な図面や仕様書の総称）が商品です。

クライアントのニーズを踏まえ、そこによりよい提案を加え、しっかりと納期を守って設計図書を納品する。

これが私たちの会社の使命です。

品質の高い設計図書を期限内で納品することで、クライアントの信頼を得て、次の仕事へとつながっていきます。

より多くの仕事を獲得して、大きな売上を上げることができれば、会社はさらに成長していくことができます。


そして、品質のよい設計図書を提供することで、クライアントや社会に貢献することになるのです。

ただ、これは、別に技術があれば、1人でもできることです。

しかし、**1人でできることには、限界があります。**

だからこそ我々は会社という集団をつくっているのです。


世界の平和を守るために敵対する組織に戦いを挑むといったストーリーの漫画やゲーム、映画、例えば戦隊ものといったジャンルの作品を思い出してください。

多くの作品が、力が強い人だったり、傷ついた仲間を癒すことができる人だったり、策略をめぐらすのが得意な人だったりと、さまざまな能力を持った人が、1つのパーティーをつくって、1人だけでは成し遂げられなかったミッションをクリアしていきます。

会社もそれと同じです。

1人でできることは限られていますが、いろいろな特性を持った社員が集まれば、その力は何倍も大きなものになります。

それだけ品質の高い仕事ができるでしょうし、難しい仕事も、量もこなすことができます。

さらに、複数人でしかできないような、大きなやりがいのある仕事をこなすこともできます。

会社とは、組織とは、ともに協力してさまざまなミッションを解決していく「ともに戦う集団」なのです。

会社がともに戦える集団
だからこそできることがある

会社員だからこそのメリットを利用する

会社で働いていると、嫌なこともあるでしょう。

「会社員なんてつまらない」「会社の人たちとうまくいかない」と思って辞めたくなるときもあるかもしれません。

別に会社員になることだけが社会で働くことではありませんが、会社員だからこそ得られるメリットがあることは忘れないでほしいのです。

働くのには、フリーランスというスタイルもあります。

この両者の働き方を見比べてみると、会社員として働くことの恩恵とメリットがよりわかりやすいと思うので、比較しながら解説していきましょう。

■一定の給与がある

会社員として働く、とても大きなメリットです。

こなした仕事量にかかわらず、ある一定の給与が保証されています。

一方のフリーランスは、仕事が大量に発生すれば、自分がこなした分だけ、大儲《おおもう》けできます。

しかし、1人でこなせる仕事量には限界があり、終わらなければ、土日も祝日も関係なく働かざるを得なくなることもしばしばです。

さらに、仕事がいつも同じようにあるとは限りませんから、仕事が少ない月は収入も減ります。

仕事がまったくないことだってあり得ます。

病気で働きたくても働けないこともあります。

そうなると、当然、無収入になってしまうことになります。

会社員に与えられる月給、これは生きていく上で、大きな安心材料になります。

■自分で営業しなくても、一定の仕事が与えられる

会社には、歴史と信頼と実績があります。

あなたが会社1軒1軒、頭を下げて「なにかお仕事はありませんか？」とお願いしなくても、こうした**信頼と実績のおかげで、会社には一定量の仕事の依頼が舞い込んできます。**

だからこそ、社員を雇って、毎月、給料を払うことができるのです。

フリーランスのほうはどうでしょう。

もちろん、会社と同様に、いい仕事をしたら、また仕事を回してくれることもあるでしょう。

ただ、その会社があなたに回す仕事がない場合は、仕事がないわけですから、ほかの会社から仕事を請け負わなければなりません。

また、クライアントの方針や担当者が変わった途端に、一切仕事がなくなる場合もあります。

自分1人しかいないのですから、設計するだけでなく、新たな仕事を獲得するための営業は、自分でしなければなりません。

時間のやりくりだけでも大変になるでしょう。

■社会的信用を得られやすい

例えば、あなたがフリーランスの名刺1つでクライアントのところに営業に行ったらどうでしょう?

よっぽどの有名人ならいざ知らず、飛び込みの設計士なんて玄関先で門前払いをされてしまうのがオチ。

クライアントがほかのクライアントを紹介してくれるようになるまでには、それ相応の時間がかかるものです。

一方、会社員の場合は、あなたの名刺には、○○会社○○部といったように会社名、部署名などが印刷されます。

名刺の差出人の名前が有名か有名じゃないかにかかわらず、社名が相手に対する信用になるのです。

会社に属するということは、社会的信用を得られやすいというのも大きなメリットです。

■大きな仕事ができるチャンスが多い

そして、信用があるからこそ、受けられる仕事というものもあります。

大きな仕事になればなるほど、受注側はリスクを考えます。

それは、仕事の規模が大きくなればなるほど、失敗したときの損害も大きくなるからです。

当然「なにか想定外のことが起きたらどうする？」「新しいものが必要になったときにどうする？」と考えます。

そのときに、１人ですべてを対応しなければならないフリーランスに頼むよりも、複数人で対応できる信用のある会社に頼むほうがリスクは少ないと考えるのは、当然なことです。

以前クライアントから、１人で経営している個人事務所に依頼したとき、相手が急に入院してしまい、データがもらえずに仕事が止まり、とんでもないことになった話を聞いたことがあります。

そのため、どうしてもこの人に頼みたいというオンリーワンな技術を持っている人は別かもしれませんが、**大がかりな仕事は、なにかがあったときに代わったり助けたりできる人員がいる会社のほうに回ってくる可能性が高い**のではないでしょうか。

■相談できる、協力できるメンバーがいる

会社は「ともに戦える集団」といいましたが、チームのメンバーがいるということが、どれほど心強いことか。

困ったときには相談でき、大変な仕事が回ってきたときには、協力して乗り越えていける仲間になります。

もっといえば、まだ仕事に慣れないときは、同僚たちはさまざまなアドバイスを与えてくれる相談役に、先輩たちはアドバイザーにもなってくれます。

私は、**困ったときには助け合い、お互いに切磋琢磨《せっさたくま》して、強みを磨いていける仲間がいることが会社の最大の強み**だと思っています。

設備設計の仕事は、建物の空間を快適に生活や仕事ができる環境に整える仕事です。

まさに、建物に命を吹き込む仕事。

その空間でなにも感じずに過ごせるということは、快適だからなのです。

そうした理想を叶えるのは容易なことではありません。

設備設計の基本となる電気の知識、機械の知識、建築基準法、消防法など法規に関する知識、そして、一般的な意匠や構造の知識が集結してはじめて、理想とする快適な空間をつくり出すことができるのです。

しかし、そのすべての技術と知識を網羅《もうら》するには、かなりの時間と経験を要します。

現実的には、社員それぞれが技術と知識を持ち寄って、仕事を進めていくことになります。

1人で図面を完成させるのは、非常に困難です。

そこでものをいうのが、**社員間の相乗効果**。

これこそがチーム力のなせる技といえましょう。

皆さんにも覚えがあるでしょうが、先生が教えてくれるより、算数の得意な友人に習うほうが理解度は高まるということがあります。

それは、友人だからわからないところを質問しやすいというのもありますし、教える側も、同じ歳の仲間だからこそ、どこがわからないのかを等身大にとらえられるからというのがあるような気がします。

当社では新入社員には、まず1つ上の先輩社員をつけるようにしています。

年齢が近いので、新入社員が接しやすいというだけでなく、先輩は、内容を理解していないと後輩に指示できないので、先輩側の能力向上という相乗効果も期待しています。

職場の仲間というのも、底辺にそんな関係性ができているのではないでしょうか。

電気のことはあの人、空調・衛生については彼、というように、どの会社にも大抵それぞれの分野に詳しい社内的な専門家がいるものです。

そんな**社内的な専門家が手を取り合えば、まさに鬼に金棒**ですし、そういった相乗効果を生み出せるのは会社ならではです。

これがフリーランスだったら全部、自分で抱え込まなくてはなりません。

順調にいっているときはいいでしょうが、仕事はうまくいくときばかりとは限りません。

新しいアイデアが求められたとき、誰も相談する相手がいません。

仕事が重なって、誰か頼める人がいないかなあと思っても、協力してくれる人がいないのです。

もしかしたら、やっかいなお客さんにつかまって、ヒステリックにクレームを言われることもあるかもしれません。

そんなときだって、その**ストレスも誰かと一緒に共有**することができず、１人で抱え込まなくてはならないのです。

困ったときには相談できる同僚、先輩、上司がいる。

これはこれから仕事を覚え、成長していこうとしている社員にとって、とてもありがたい環境といえるのです。

■仕事で得られる喜びが大きい

また、フリーよりも働く喜びが得やすいのが会社です。

その理由は2つあります。

1つは、先に述べたように、フリーよりも大きな仕事が得やすいということです。困難なものを達成したときにこそ、喜びが大きいというのは、なんとなく想像できるのではないでしょうか。

もう1つが、仲間がいることです。

仕事を達成したときに、仲間からの「よく頑張ったね」「やったね」「さすが○○さん」という自己肯定感を向上してくれるような称賛が得られるのは、会社ならではです。

フリーも発注先からそのような言葉をかけられることはありますが、会社に属していれば、社内の人からも称賛がもらえる可能性があるのです。

そして、1つの仕事を社員一丸となって成し遂げたときなどは、その苦労をわかって、ともに喜んでいる人がいるわけです。

仕事がすべて終わったあとに、誰もいない部屋で1人でガッツポーズするよりも、喜びは格段に大きいのではないでしょうか。

■備品の補充、採用活動、税金などの管理なども行ってくれる

会社には、さまざまな部門があります。

営業だけでなく、**経理のほか、人事担当、総務担当など、会社のさまざまな業務を担当してくれる人がいます。**

会社の備品が足りなくなったら、いつの間にか補充されていたり、毎月の給与や税金の計算といった経理面の処理や手続きをしてくれたり、会社を辞めた人がいたら代わりになる人を採用してくれたりと、会社を支えるために、いろいろな役割の人が働いているのです。

これが、フリーランスであれば、全部自分でまかなわなければなりません。

とても仕事に集中していられないと思いませんか?

つまり、**会社はその人が自分の専門分野の仕事に集中して「強み」や「価値」を最大限に発揮できるように環境を整えて、手厚いサポートをしている**のです。


最後に1つ付け加えたいことがあります。

今回、わかりやすく比較するためにフリーランスと比較しましたが、これまで挙げてきた「**会社のメリット」を生かしていない会社もあります。**

他人の仕事には興味がなく、自分の仕事をこなしていればいいと考えている、ある意味職人気質の人たちばかりが集まっているようなところです。

もちろんそういう会社が全部悪いとはいいませんが、あなたが「プロ」として成長しやすい場所かといえば、疑問符がつくのは確かです。

「プロ」は、会社で働くことのデメリットを理解している

先ほど会社で働くことのメリットを考えましたが、デメリットももちろんあります。大きく分けて2つです。

私は、この2つのデメリットを理解した上で働けるかどうかが、「プロ」になれるかどうかに大きく影響していくと考えます。

- もらえるお金が決められない
- 自分勝手に働けない

1つひとつ説明していきましょう。

フリーと違って会社員は、自分が働いた分だけお金がもらえません。

給料は、会社全体で稼いだお金から、さまざまな諸経費を引いた額が支払われます。

ですから、いくらあなたが頑張ってものすごく利益を上げたとしても、会社が儲かっていないと、給料が上がりません。

「頑張って働いているのに、給料が上がらない」「なんで周りは働かないんだ」というのは、よく起きる不平不満の1つです。

前向きに何事にも一生懸命に取り組む資質のある人にとっては、自分1人の能力を上げるほうが、チーム力を上げるよりもラクかもしれません。

なぜなら、自分が頑張ればいいからです。

特に、自分の技術や知識を磨くことにのみ意識が向いている**職人志向、スペシャリスト志向の人は、「給料が上がらないのは周りのせい」という不平不満を持ちやすい**ように感じます。

「プロ」と「スペシャリスト」の違い

「スペシャリスト」という言葉は「プロ」と似ていますが、同義ではないと私は考えます。

スペシャリストとはある1つの分野に突出した知識と能力を発揮する人のことを指します。

これから皆さんが社会で活躍する上で業務に関する知識は身につけていかなくてはなりませんが、ある特定の分野に秀《ひい》でた「スペシャリスト」というより、「チーム力を高められる人」のほうが「プロ」だと認められやすいといえます。

というのも、令和という**複雑化した時代を乗り切っていくには、どんなにすごい能力がある人でも、個人の力では限界がある**からです。

現代のビジネスシーンは、劇的に変化しています。

これまで以上に、生産性の高さやスピーディーな判断が求められるようになっています。

今までにない斬新なアイデアを求められたりする場面も増えています。

そんな要求に1人の力では太刀打ちできなくとも、チームの力を結集することで、解決できるのです。

また、前にも述べたように、「チーム」として動けるからこそ多くの仕事、大きな仕事を得ることもできます。

つまり、**スペシャリストよりも、「チーム力」を高められる「プロ」のほうが、より多くの、そしてより大きな仕事を任せられる可能性はぐっと高くなる**のです。

会社の役割の1つは利益を上げることですので、「プロ」と会社から認められるのは、自分だけ技術が高い「スペシャリスト」でなく、「チーム＝会社全体」でどう利益を上げるかを考えられる人なのです。

そもそも会社のために身を粉にして働いても、会社が儲からなくては給料が上がりません。

それなら、会社全体で利益を上げるには、どうしたらいいのか。

それを考えたほうが、1人だけで頑張るよりも近道です。

もちろん「チーム力」を高めることも、1人でやる必要はまったくありません。

会社全体で「チーム力」を上げるにはどうすればいいかをお互いが考え、実行できる会社こそが、今後利益を生み出していける会社であり、私もそのような会社になることを目指しています。

あなたが無駄だと思う作業は本当に無駄なのか

さて、会社で起きるデメリットの2つ目、「自分勝手に働けない」についてです。

おそらく、どの会社でも、その会社ならではの働き方、仕事のルールがあります。

会社によってその強制力に違いはありますが、概ね、その**会社で働く上では、ルールを守って働くことを要求され、それを守るかどうかは、多くの会社で評価の基準**になっています。

それは、中途で入っても一緒です。

前の会社でどうだっただろうと、まずは入った会社での仕事のルールに従う必要があります。

先ほど説明した「チーム力」を上げることを考えている人を「プロ」として評価する会社もあれば、「とにかく個々で売上を立てることだけを考えろ」という会社もあるでしょう。

そのような会社ではとにかく売上の数字を求められます。

また、個別の働き方を見ても、とにかく電話でアポイントをとって飛び込み営業だという会社もあれば、戦略を練ってから1つひとつ会社を当たっていこうというところもあります。

先程、戦隊ものの漫画やゲーム、映画を例に挙げましたが、チームで働くときには、大体、誰がどう動くのかという役割分担があると思います。

それと同じです。

なかには**「なぜ、こんな無駄なことをしなくてはならないのか」**という不平不満があると思います。

しかし、たとえそのような思いを抱いたとしても、勝手に自分のやり方で仕事をするのは「プロ」のやり方ではありません。

その理由の1つに、その**無駄なことの中には、長年の経験によるリスクマネジメントの手法が隠されている場合がある**からです。

うちの会社でもこんなことがありました。

最終的に納品する図面は、必ずプリントアウトして、本人と別の人のダブルチェックをするという社内のルールがあります。

しかし、ある日、画面上で確認している社員がいました。
「プリントアウトして、マーカーでチェックしながら確認しないとミスが出るよ」と注意しても「画面上で大丈夫です。いちいちプリントアウトするのも面倒くさいですし、紙が無駄にならずにすむので、費用削減にもなりますよ」と取り付く島もない感じでした。

半分勉強のため、半分「確かに今の世代はそうなのかな？」などと思ったので、そのままやらせてみて、最終確認を私のほうでもしたのですが、やはり間違いがたくさん出てきました。

デジタル化が進んだとはいえ、学生時代、長い間、紙を使って間違わないように勉強をしてきた名残があるのかもしれません。

若い人もベテランも、全体を俯瞰《ふかん》して見られる紙のほうが、モニターで見るよりも間違いを見つけられるのです。

仕事は、１つのミスが命取りになることも多くあります。

そのため、**いつか起きてしまうミスをなくすために「面倒くさい作業」をやっていることもある**のです。

もちろん、会社の中に、無駄なことというのは多くあるかもしれません。

その場合は、勝手に働き方を変える前に、まずは、「なんのためにしているのか」を考えてください。

考えた上で、なぜしているのかがわからなければ、上司に相談してください。

そうすれば、「確かに」と上司が思ったのなら変えるでしょうし、「それだとリスクがあるから、こういうやり方はどうだろう」というような前向きな話し合いもできるのではないでしょうか。

自分流のやり方で、うまくいくことはあるかもしれません。

ですが、それは、1人でできる仕事での話です。

大きな仕事では、多くの人の力を使わなければならないのに、それぞれが別の方法や考えでやっていては、うまく連携がとれません。

仕事を戦隊ものの漫画、ゲーム、映画などに例えてきましたが、皆さん思い出してください。

強力な敵を前にして、最初に大けがをおったり、死んでしまったりするのはどのようなキャラクターなのか。

統計をとっていないので正しいかはわかりませんが、主人公なりリーダーが「待て」というのに無視をして独断専行したキャラクターが大けがをおったり、死んでしまったりすることが多いのではないでしょうか。

それと同じで、経験上、**勝手に仕事のやり方を変える人は、トラブルを引き起こす可能性が非常に高い**と感じています。

まずは会社の働き方やルールにのっとって働く。

おかしいなと感じることがあれば「なんのためにしているのか」を考えて、わからなければ上司に相談するようにする。

そのような人間が会社から「プロ」と認められる人ではないでしょうか。

他者から認められる、一流の「プロ」の仕事術とは

復習も兼ねて質問です。

「プロ」としてあなたを認めてくれるのは、誰だったでしょう。

1つは、これまでに述べてきたあなたが所属している会社で、もう1つは、あなたに仕事を依頼してくれる会社（もしくは人）でしたね。

では、どういう人が仕事を依頼してくれる会社（もしくは人）から「プロ」として認められるのでしょうか。

イメージしやすいように、一流の「プロ」とそうでない人が行っている仕事での対応の差を比べながら挙げてみたいと思います。

■仕事への取り組み方

三流は、「言われたことだけ仕事をする」
二流は、「1人でもくもくと仕事をする」
一流は、「周りを巻き込んで仕事をする」

三流は、言われたことをただやるだけです。

仕事というより、それは作業です。

もちろん作業をすることも大切ですが、誰がやっても変わらない結果しか出ないので、「仕事を任せたい」とクライアントに思われるようになる可能性は低いです。

また、言われたことが間違っていても気づきにくい、または気づいても放っておいてしまいがちなので、**ミスが起きやすい仕事の取り組み方**といえるでしょう。

二流は、考えながらよりよいものをつくろうとするのですが、1人でもくもくと仕事をするので、自分の能力以上のものは出ないですし、仕事の状況によって質にもばらつきが出てしまうことがあります。

周りを巻き込んで、なおかつ周りを活かすのが一流の「プロ」の仕事の取り組み方です。

そして、仕事が順調なときは、それをみんなに報告し、喜びを共有します。

また、苦しいときには、周りにヘルプを投げかけます。

それぞれができることを手分けすれば、仕事もスピーディーに終わらせられることがきっとできるのです。

ヘルプした側も助けになれた喜びを得られるなど、一挙両得です。

周りを巻き込んで仕事をすることで、納期などの約束を守ることもできやすくなりますし、**多くの人が目的意識を持って関わったものほど、質のいい仕事になる**はずです。

■担当者への応対の仕方
三流は、「担当者に言われるがまま」

二流は、「担当者の視点に立つ」

一流は、「担当者のさらに上の視点に立つ」


三流は、担当者に言われるがままの仕事をします。

担当者がオーダーしたことをそつなくこなすことを目標として仕事をします。

また、言われたことしかやらないので、例えば指定した商品がなかった場合、「商品がありませんでした」と伝えて終わりです。

トラブルが起きたときにどうしたらいいのか、自分の意見を述べないので、担当者もどうしていいのか困ってしまい、仕事ぶりに満足することは少ないでしょう。

二流は、自分の担当者がどうすれば満足するのかを考えて仕事をします。

そのためには、自分の意見もしっかりと述べ、言われていない提案もします。

トラブルが起きたときも、どうすればいいのかしっかりと自分の意見も述べて報告します。

一見、二流の仕事ぶりでもいいような気もしますが、一流はさらにその上、担当者だけでなく、担当者の関係者のことまで考えて仕事をします。

顧客視点で考えることが大切だということがよく言われます。

二流も顧客視点であることには違いありませんが、一流と二流とでは、その見ている範囲の広さが違います。

360°視点と180°視点の違いとは

一流は「**180°視点**」ではなく「**360°視点**」で**見ている**のです。

あなたと向き合っている担当者があなたに求めていること、つまり**あなたの担当者を満足させることで終わっては、一流の仕事とはいえません。**

担当者は、あなたと向き合ったあとに、その成果物を受け取り、回れ右をして、上司やその人のクライアントのところに向かいます。

例えば、仕事を進めていく中で、**「なんとなく」あなたと担当者の間で合意していることでも、その過程を知らない担当者の上司からしたら、「なんでこうなっているの?」と思うことがある**はずです。

もちろん、そのときに担当者がうまく言語化できればいいですが、できなくなっている、忘れているということも多いと思います。

それで上司に不信感を抱かれることになれば、担当者は上司に突っ込まれて、いやな気持ちにもなりますし、せっかくうまくいっていた仕事の評価が下がってしまう可能性もあります。

もし、相手方の上司に見せる必要があるならば、担当者がわかるではなく、**ほとんどなにも知らない人が見てどういう意見が出てくるのかを想像して、その情報も一緒に渡してあげる**ことができれば、完璧な仕事といえるでしょう。

よくあるのが、あなたと担当者で仕事を進めて「これはいいですね」となっていたとしても、最後に担当者の上司に見せたらすべてをひっくり返されることです。なんともやるせない気持ちになる出来事です。

そうならないように、３６０°視点で考えて、担当者が上司にどこまで話を通しているのか、情報を共有できているのかを考えながら仕事ができ、**必要であれば上司への情報共有をうながし、最後に、ひっくり返されるリスクを減らすところまでできれば一流の「プロ」の仕事**といえるでしょう。

また、担当者の上司だけではなく、担当者が関わっている、実際に商品を使うクライアントのことも考えることが必要です。

担当者が「クライアントからいらないと言われた」というものでも、**実際に使用する人にとって本当に必要ないのかを考えて、提案することが大切**です。

つまり、担当者がその後、どこを向いて、なにをするかを踏まえて仕事をするのが一流の「プロ」といえるでしょう。

二流と一流を分ける
180°視点と360°視点の違い

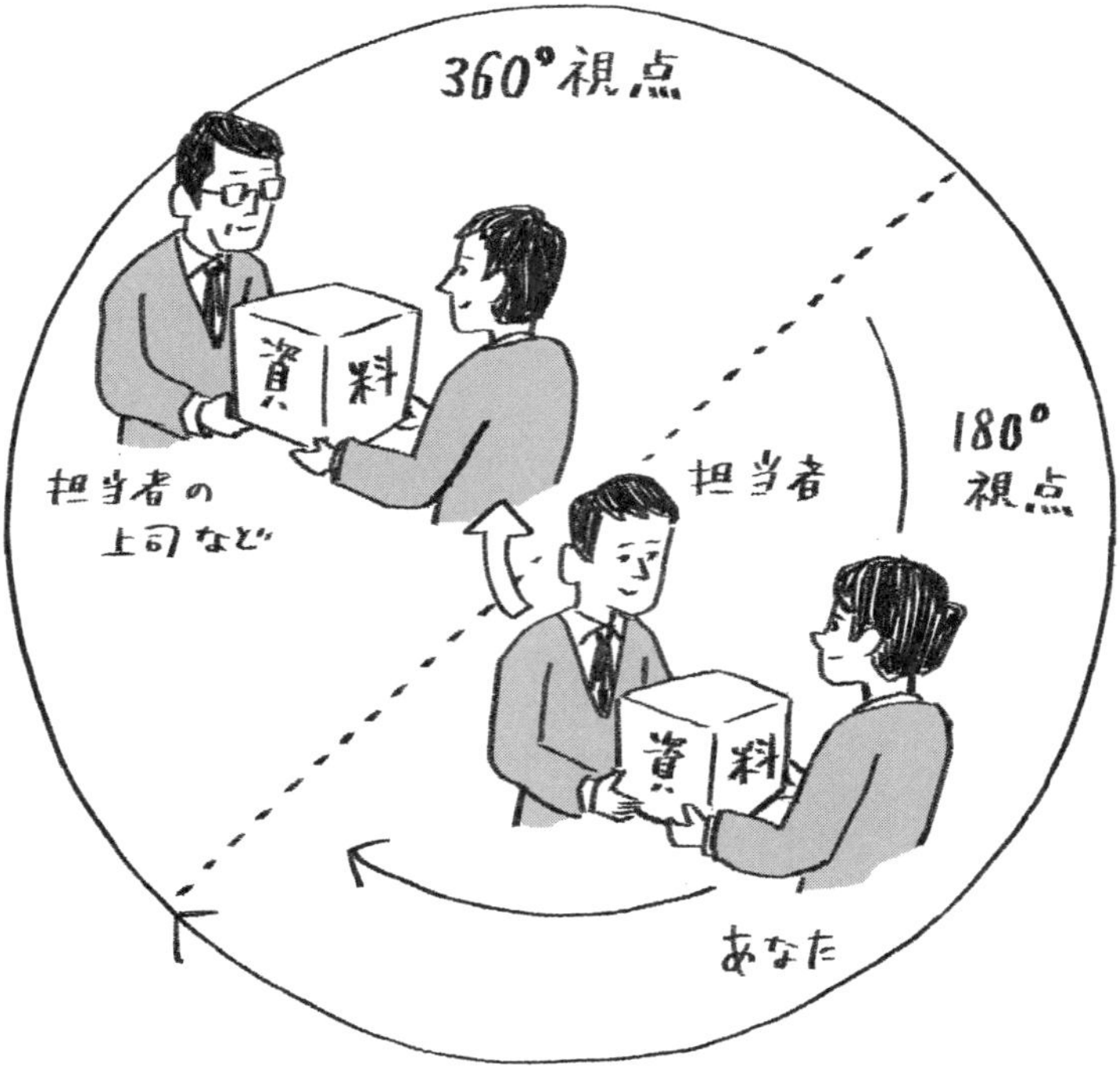

■失敗の報告の仕方

仕事には、ミスやトラブルもつきものです。

たとえ一流の「プロ」であっても、人間なのですから、思わぬミスやトラブルはあるものです。

そして、**いいことよりも悪いことを報告するときのほうが、仕事のやり方に差が出てくる**ものです。

三流は、「失敗を隠そうとする」

二流は、「事実をそのまま述べる」

一流は、「失敗を認めた上で、解決策まで盛り込む」

失敗を隠そうとするのは、最悪です。

事実をそのまま述べるのは、一刻も早く報告をしなければならないような事態であれば有効かもしれません。

ですが、ここで考えなくてはならないのは、**報告された相手方、もしくは上司も、あなたほど事情がわかっていない**ということです。

解決策を考えられるのは当事者であるあなたのはずです。

完璧な解決策でなくても、自分の意見や方向性を踏まえて報告するのが、一流の「プロ」ではないでしょうか。

新人のうちはなかなかそこまでは難しいでしょうが、このような働き方ができることで、受注した人からも、あの人は仕事ができる人として認識され、「またあの人に仕事を頼みたい」と言われるような一流の「プロ」になれるのです。

では、どのように働いたら、そのような「プロ」になれるのか。

その働き方のコツを次の章から紹介していけたらと思います。

COLUMN

中之島設計の中の人　入社2年目　男性

人生の1/3の時間を楽しむために、会社も成長させたい

入社してから、まだ1年とちょっとしかたっていませんが、今は電気設備設計のグループ長を任されています。

前職は、まったく異なる業種で働いていましたが、「自分の将来のために、手に職をつけたい」という思いと、父親が設備設計の仕事をしていたこともあり、興味を持って、この業界に飛び込むことを決意しました。

決意したのはいいものの、未経験で、図面を一度も引いたことのない人を雇ってくれるところなど、ほとんどなかったので、とても苦労しましたね。

人材紹介会社に頼んでも、「無理だから」とまったく違う業種を提案されるばかりでした。

結局、自分で設備設計会社のリストから、「未経験者でもＯＫです」という会社を見つけて、片っ端から連絡し、ようやく中之島設計に入ることができました。

未だに技術や知識は、会社の中でも下のほうかもしれませんが、そんな私がグループ長を任されるようになったのは、村井さんが口を酸っぱくして言っている「**相手のことをとことん考える」ということを愚直に実践してきたから**だと、自分では分析しています。

これなら、未経験の自分にもできることでしたし、実際、その思いで仕事と向き合うと、もちろん苦労することも多かったですが、未経験でもなんとか仕事をこなし続けることができたのです。

そして、仕事をこなしていく中で、クライアントから「今回は、本当によくしていただき、ありがとうございました」といった感謝を述べられることがなによりの喜びで、その**喜びが、「もっと自分も成長したい」という思いの原動力になっていった**ように感じます。

中之島設計のいいところでも悪いところでもあるのは、仕事を積極的に任せてくれることだと思います。

私は、入社10日後には、1個の物件を任されましたし、今も、「大きなプロジェクトをやりたい」と言って、任せてもらっています。

とにかくやってみて、わからないところは、とことん聞いてほしいというスタイルです。

実践こそが、成長を早めてくれるというのは間違いないですし、そのお陰で自分も早く成長させてもらっているという実感もあります。

質問したら、丁寧に教えてくれる人が多いというのもありがたいです。

ただ、もう少し寄り添って仕事を教える時間があってもいいと思います。

いきなり実践で戸惑ってしまう人も中にはいるでしょうし、性格的に質問を何度もすることがストレスに感じる人も少なからずいると思うからです。

丁寧に仕事を教える時間がしっかり持てて、もっといろいろな人材が成長できる、活躍できる会社になれば、人材の幅も広がるのではないでしょうか。

会社のほうも、マネジメント層がなるべく教育に専念できるような環境づくりに向けて、舵を切っているように感じます。

そのような状況の中で、新しく入ってくる人たちと年代の近い私だからこそ気づけること、わかることもあるはずです。

だからこそ、私もそのような人材育成のところに関わっていけるようになっていきたいです。

いろいろな人材が活躍できて会社が大きくなれば、自分がやれることが増えますし、やれることが増えれば、仕事の時間がより楽しくなる。

1日の1／3が少なくとも働く時間なのですから、その時間が楽しければ、人生も楽しくなるのは、間違いないですからね。

会社も自分も成長する。そんな未来がつくれればと思っています。

第2章

最短で仕事ができる「プロ」になる働き方とは

「コスパ」よく成長していくための6つの力と1つのクセ

さて、ここからは、周りから「プロ」と認識されるようになるための「働き方のコツ」について話していこうと思います。

具体的なコツを紹介する前に、1つ自覚しておいてほしいことがあります。

それは、**あなたが会社に入った時点で、周りから「プロ」として見られる可能性がある**ということです。

これまで述べてきたことと少し矛盾するように感じるかもしれません。

ですが、本当に「プロ」としての仕事ができているかどうかは別として、クライアントは、あなたのことを「プロ」だと認識して会社に仕事を発注しているのです。

例えば、あなたがいきつけの焼き鳥屋に行ったとき、たまたまいつも焼いてくれているベテランの大将が休みで、入ったばかりであまり慣れていない人が焼いたものが、黒こげでいつもよりもおいしくなかったとします。

もちろん「慣れていないのだから仕方ないな」とか「頑張ってほしい」という気持ちがわくことがあるかもしれませんが、どこかに「ベテランの大将が焼いてくれたらよかったのに」と思う気持ちも生まれないでしょうか。

お金を払う側は、その人が新人かベテランかは関係なく、受け取りたい商品やサービスを求めてお金を払うわけです。

ですから**相手は「プロ」としてのサービス提供を、少なからず求めているということを自覚することが大切**です。

もちろん、会社に入りたてだったり新しい仕事だったりすれば、最初からうまくいく人などはいません。

ですが、常に周りからそう思われ続けるのですから、少しずつでも、「プロ」として認められるような仕事をこなせるようにすることが大切です。

私の会社では、技術を身につけるための訓練だけでなく、上司のしっかりとしたサポートを大前提に、できるだけ早くクライアントの前に出てもらうようにしています。

それは、**実践にまさる経験はないと思うと同時に、クライアントに接して、「プロ」としての意識を持ってほしいのと、できるだけ早く一人前の「プロ」になりたいという思いを持ってもらうという狙い**があります。

では、短期間で「プロ」と呼ばれる人材になるにはどうすればいいのか。

これまでに、失敗を繰り返しながらいろいろな社員を育てたり、さまざまな会社の話を聞いたりする中で、「6つの力と1つのクセ」を身につけることを意識しながら働くことが最も大切ではないかという結論にたどり着きました。

一番の近道といいながらも、**「プロ」と評価されはじめるまでには、3年ぐらいかかるかなとは思うのですが、ゴールを一度そこに向けて日々進んでいかなければ、いつまでたってもたどり着けません。**

別に私が考えていることが、「プロ」になるのに必要なすべてだと言いたいわけでもなく、ほかにも方法はあると思います。

しかし、人から評価されるような「プロ」になるためにはなにが必要なのか、どうやったら評価されるのかを意識して働いていない人は、「あの人に仕事を任せたい」「あの人は仕事ができる人だ」と周りから思われるような、いわゆる「仕事のできる人材」になるのに時間がかかっているように感じます。

もし、**どうやって働けば自分が成長するのかわからないのであれば、ぜひ次の項目から紹介する「6つの力と1つのクセ」を身につけることからはじめて**みてください。

仕事を期限までに終えるのが「プロ」の第一条件

「プロ」になるために身につけたい力の1つ目は、「完遂力」です。

簡単にいえば、**納期の中で、クライアントが「いいね」と言ってくれるものを提出する、仕事を完遂する力**ということです。

仕事が思い通りに捗《はかど》らないことは確かにあります。

うまくいかなかったのには、それ相応の理由があるものです。

しかし、いかなる言い訳も許されないのが、仕事です。

例えば、受験の日に大渋滞に巻き込まれて乗るはずだった電車に乗れなくて、試験会場に指定された時間までにたどり着けなければ、試験を受けさせてもらえないということもあります。

いくら言い訳をしたって道路の渋滞や電車の遅延は予想できること。人生を左右する試験ならば、そういったアクシデントも想定して、早めに家を出なかったあなたが悪いということになるのです。

遅刻した側としては、いろいろな理由があるでしょう。しかし、それは言い訳でしかなく、世の中は絶対に認めてくれないのです。

血も涙もないと思うかもしれません。

仕事を受注する時点で「この日までに、あなたが求めるものを納める」と約束しているのです。

その**約束を破ってしまったのでは、賠償《ばいしょう》問題や受注金額の減額といったことに発展しかねません。**

たとえ、そういったものがなかったとしても、お金よりも大きなものを失ってしまいます。

それは「信用」です。

これを失ってしまっては、会社はひとたまりもありません。

その**「信用」を死守してこそ、プロフェショナル**なのです。

たとえ120％のできのものができたとしても、納期に間に合わなかったら、商品価値はゼロです。

一方で、クライアントが満足できる仕事を納期の中で完遂し続けることで、信用は蓄えられていきます。

また、いうまでもなく、確かなものを期日通りに渡されたクライアントの笑顔や終えた仕事に対する感謝の言葉は、何事にも代え難いものがあります。

例えばスポーツ選手が、ファンの期待通りに活躍したときに、観客から受ける称賛への喜びとなんら変わるものはありません。

そういったことが、新しい仕事にもつながりますし、働くことへのモチベーションとなっていきます。

では、完遂力をつけるために必要なもの。それは、1つしかありません。

どうしたら完遂できるのかを考え続けることです。

決して、「徹夜してでも完遂しろ」と言っているわけではありません。

徹夜しても、毎月定時で仕事を終わらせても、たとえダラダラと仕事をしても、結局のところ期限内に、クライアントが満足するクオリティーのものを納品できたらいいのです。

ですから、仕事のできない人がよくやりがちな、「長時間残業自慢」「徹夜自慢」は、まったくもって意味がありません。

本人は、身を粉にして頑張って働いている自分を誇らしく思っているのかもしれませんが、「だからなに？　そんな状態でクオリティは大丈夫？」と思わず言いたくなってしまいます。

大切なのは、仕事にかけた時間うんぬんではありません。**クオリティーと期日の両方を担保できるためにはどう仕事を進めていけばいいのか、最初にしっかりと考えておくこと**です。

ただ、考えた通りにいかないこともままあります。

そうなったときに、「多少あらくても仕方ない。なにか言われれば直せばいい」「1日ぐらい遅れても仕方ない」と諦めるのではなく、**社内や社外の手を借りる、行き詰まっているところがあれば、さまざまな人に尋ねるといった「どうやったらできるのか」を考え続けることが大事**です。

納期が迫って焦ってくると、終わっていない不安を紛らわせるために、たとえ、間に合わないとわかっていても、とかくやれていない作業に没頭してしまいがちです。

そうではなく、迫りくる不安をひとまず追い出して、絶対に完遂するにはどうすればよいか、**作業の邁進《まいしん》ではなく、手段の構築に手をつけることが大切**なのです。

そうやって、なんとか仕事を完遂し続けることで、どんな仕事でも完遂できる力が身についていくのです。

もし、あなたがこれから仕事をする、もしくはまだ仕事をしはじめたばかりであるならば、まずは、仕事を完遂するという強い意思を持つことです。

そして、もし作業が遅れることがあったなら、または作業に時間がかかりそうなら上司から「こんなこともわからないのか」「まだやってなかったの？」という**叱責《しっせき》を受けるのを恐れるより先に、相談する**ことです。

上司に相談して叱責されたり、面倒くさがられたりしたらいやだという気持ちはよくわかります。

しかし、**あなたの「いやだ」という気持ちよりも、仕事を完遂することのほうが会社としてはやはり大事ですし、その「いやだ」という気持ちを抑えて相談することが、「プロ」に近づく第一歩**になるのです。

あなたは大丈夫？　納期を守れない人の3つの特徴

今まさに、納期に間に合わない、納期に納品しても突き戻されてしまい、仕事がなかなか完遂できないことに悩んでいる方はいませんか。

仕事が完遂できないのにはいろいろな要因が絡んでくるので、ひとえに、あなたがすべて悪い場合ばかりではないでしょう。

ただ、**完遂できないことが多い人に、共通する働き方**があります。

そのような働き方をしている限り、「完遂力」は身につきません。

そこで、次から紹介する仕事が完遂できないタイプの働き方をしていないか、一度、自分の仕事ぶりを振り返ってみてください。

まず1つめのタイプ「イメージ欠如型」から説明していきます。

仕事の目的、求められていることがイメージできないままに、クライアント、もしくは上司から「これをしてください」と言われたままの作業を実行しはじめてしまうタイプです。

クライアントからの指示がしっかりしていれば、仕事は完遂できることが多いものです。

しかし**指示があいまいだったり、クライアント自身がしっかりイメージできていなかったりすると、最終的にできあがったものは、クライアントが求めているものとかけ離れてしまいます。**

当然、やり直しが多く、仕事が完遂できないことになってしまいます。

もしくは、最初はイメージできていても、度重なる変更でイメージがこんがらがってしまい迷走してしまうということも、このタイプには多いです。

このタイプは、まじめな人が多いように感じます。

大切なのは、クライアントへ相談してイメージを共有することです。

必要とあれば何度でも相談して、自分とクライアントが、少なくとも**「仕事の5W1H」をしっかりと情報共有できているのかを確認**しましょう。

「仕事の5W1H」とは、
What＝なにをつくるか
Where＝どこにつくるのか（どこで売るのか）
Who＝誰のためにつくるのか（誰のために売るのか）
When＝いつまでに（納期）
Why＝なぜつくるのか（最終的な目的）
How＝どうやってつくるのか（予算や手法の制限）

といったものです。

このような情報を共有し、なおかつ、どういうものかをあなたがきちんとイメージできてクライアントに伝えられれば、納品後の齟齬《そご》は防げるはずです。

「何度も説明させるな」とクライアントから言われたら……と不安になるかもしれませんが、「お時間とらせて申し訳ないですが、お互いのイメージが違って、結果いいものが提供できないかもしれませんので……」と前置きをして、尋ねていくようにしましょう。

「この内容で進めると最終的にはあなたが困りますよ」とクライアントに暗に思わせることも大事です。

次に、「向こう見ず型」です。

簡単に言えば、**ぼんやりとした計画でスタートする人**です。

このタイプは、**いろいろな仕事が重なって忙しい方や、働いて何年か過ぎている人が多い**ようです。

私たちは、完成形をしっかり頭にイメージして、それに従って予算に見合った仕事の仕方を考え、納期に間に合わすためには、いついつまでになにをするという工程計画を立てていきます。

それができれば、今日、自分はなにをやらなければならないのかが見えてくるわけです。

ところが、なまじ経験があるがゆえに、**目の前の仕事に追われていて忙しいと、「まぁ、経験上なんとかなるだろう」と計画を立てないままに仕事にかかる人**がいます。

これが「向こう見ず型」です。

自分の経験上の想定内ですめばなんとかなるのですが、想定外の出来事が必ず1つや2つ起こるのが仕事です。

別の仕事が舞い込んできたり、ほかの仕事でトラブルがあったり……。

こうなると、全体的な仕事量が見えなくなってしまい、**自分が限界で、もうアウトな状態でも、誰になにを手伝ってもらうのがいいのか判断つかず、仕事を手伝ってほしいと頼むことすらできない。**

そして、こんなに仕事を取ってきた会社が悪いと開き直ります。

結果、他人のせいにして間に合わないという状態に陥ってしまうのです。

計画を立てるのは面倒くさいと思うかもしれませんし、忙しいときは、その時間があったら仕事を少しでも進めたいという気持ちはわからなくはありません。

ですが、**1つの仕事が遅れたら、次の仕事も遅れ……という、「延滞ドミノ」に陥る危険性が高いので、今すぐ「計画ファースト」の仕事を心がける**ようにしてください。

最後に、「引きこもり型」について説明します。

人の意見やアドバイスに耳を傾けることなく仕事を進めてしまう人。

とにかく、自分の仕事は自分で片づけなくてはいけないと思い込んでいるタイプです。

「迷惑をかけたくない」という思いが強すぎて、行き詰まっても相談することなく、1人で問題を抱え込みがちです。

抱え込んでも自身で修正できれば、傷は浅いのですが、往々にして問題がこじれ、取り返しのつかない事態を招いてしまいます。

その結果、周囲のスタッフにも塁が及び、残業、徹夜作業、そして金銭的損害が生じることも少なくないのです。

「迷惑をかけたくない」という思いは、結果的に迷惑をほかの人に感染させるウイルスになりかねません。

会社は、同じ目標を達成するためのチームです。

困ったことがあれば相談、助け合うことは、当たり前のことだと思い、臆《おく》することなく、周囲とコミュニケーションをとることです。

あなたは大丈夫？

仕事が完遂できない
3つのタイプ

イメージ欠如型

向こう見ず型

引きこもり型

もし、さまざまな相談をしたときに、「自分のことは自分でなんとかしろ」となんのアドバイスもくれない人ばかりでしたら、そこはあなたが「プロ」としての道を歩んでいく会社としては不適切な場所だといえるのかもしれません。

いかがだったでしょうか。

あなたが、当てはまる、もしくは当てはまりそうなタイプはありましたでしょうか。

これまでにも述べてきたように、**仕事で得られる喜びは、仕事を完遂して得られるものが多い**です。

そして、その喜びが「プロ」として歩むエネルギーとなります。

自分のためにも、会社というチームのためにも、「完遂」を第一に考えて働いてみてはいかがでしょうか。

ＡＩにはない「調整力」を武器にして、未来を生き抜く

「プロ」として身につけたい力の2つ目は、「調整力」です。

進化し続けるテクノロジーによって、仕事が奪われる脅威を抱かざえるを得ない時代に突入しています。

自動車、家電をはじめとしたメーカーの工場では機械化がどんどん進み、人はいなくなり、電車やバスをはじめとした公共交通の現場でも無人化への取り組みが急速に進んでいます。

そして、ＡＩはついに自動車運転の自動化、コンビニの無人化も現実のものとしようとしています。

私たちも他人事と楽観視しているわけにはいきません。

きっと近い将来、私たちの領域にもＡＩは進出してきます。

そこで**問題になるのが、失業者の増加**です。

ＡＩは軽作業どころか、かなりの知的レベルで仕事をこなしますから、ハイレベルな技術者や管理職も安穏《あんのん》とはしていられません。

２０１５年12月「ＡＩの導入によって日本の労働人口の49％の仕事が10～20年以内になくなる」というレポートが、野村総研とオックスフォード大学の共同研究によって発表されて話題になりました。

今年の12月からその10年がはじまるのですが、私は「調整力」を持っている「プロ」であれば、仕事がなくなることはないと考えます。

調整力とは、1つの仕事がよりよく完遂できるように、人と人を調整する力のことです。

私たちが手がけるのは公共施設にはじまり、ホテル、オフィスビルなど、大型の案件が多数を占めます。

どの施設でも共通するところはありますが、それぞれの施設によって求められることは異なります。

例えば、病院ですと電力のバックアップを想定した設計が不可欠ですし、多目的ホールを要する建物では大人数に対応できる空調といったように、それぞれの施設の特性を十分に配慮した設備を考慮し設計しなければなりません。

当然、それぞれに担当窓口があり、さまざまな条件を提示されるのですが、なかには、これといった要件を出さないクライアントもいます。

窓口担当者の経験値にもよるのですが、素人の自分たちが注文をつけるより、私たち「プロ」に提案してほしいというケースが少なくありません。

また、最先端の省エネルギー技術の導入など、経験に基づいてクライアントごとのニーズに合った提案が必要になります。

ＡＩにこれをやらせると、統計とデータで一括《ひとくく》りに設計してしまいそうです。

しかし、どこもかしこも最先端である必要があるわけではないですし、それぞれのクライアントによって、好みもあるでしょう。

ＡＩは、今ある情報を学習して答えを出すスペシャリストです。

一方で、人間の内面という、隠れている情報を引き出すことなどはできませんし、それを推し量って提案するのも難しいのではないでしょうか。

そうした表に現れない事情を打ち合わせで聞き出し、設計に反映しなければならないのです。

クライアントの満足度を上げるのは、私たち生身の人間のホスピタリティーです。

つまり、クライアントの立場に立って考えるということです。

「クライアントの施設をよくご利用される方の年齢層はいかがでしょう？」

そんな会話を交わしていると、それまで具体的な要望を口にされていなかったクライアントが、

「ご高齢の方の利用が多いと思うのですが、照明が暗いとか、空調がきかないといった要望が寄せられていました」

といった話に展開して、そういったことに配慮したいという希望が出てくるのです。

また、**クライアントの満足度を上げるためには、施設の現状を踏まえるだけでなく、将来のことを考えた提案・設計が必要なことも少なくない**のです。スタッフの経験値とホスピタリティーを駆使して、クライアントに未来を見据えた提案をしたところ、それに納得して予算を見直しされるケースもあります。

大切なのは、どれだけクライアント目線になれるか、クライアントがどういうことが必要なのかをイメージし、それをもとに相手と話せるかです。

ときには「ちょっと違うな」と言われるかもしれませんが、イメージが違っていても構いません。

いきなり「なにかご要望はありませんか」と聞かれても、なかなか答えられません。

あなたが提案したことによって、クライアントができるものに対してのイメージが少しでも具体化すれば儲けもの。

「そうじゃないけど、こういうのがあったほうがいいかも」と、次の言葉を引き出すきっかけになることはよくあります。


そうした、相手目線の人間味に富んだ調整力がクライアントの満足度を上げることは、火を見るより明らかです。

別に私は、テクノロジーによる進化を否定して、昔ながらのやり方が一番だと言っているわけではありません。

目的のために、仕事の効率が上がるのであれば、どんどん利用すればいいと思います。

ただ、**人だからこそできることを見極め、磨いていくことで、テクノロジーの進化により仕事がなくなるといった事態を防げる**ことができます。

調整力もまさにその1つではないかと考えます。

「3つの壁」が、「相談しづらさ」を生み出す

「プロ」として身につけたい力の3つ目は、「相談力」です。
これは、仕事をしはじめた方には特につけていただきたい力です。

身につけるためにやるべきことは簡単で明確。なのに、身についている人はそう多くない力です。

相談力を身につけるためには、人に相談すること。それだけです。
特に働きはじめなどは、自分の頭で考えてできることなどは多くありません。

ですが、何度も述べてきたように、会社はチームです。

あなた1人で、受けた仕事に立ち向かっているわけではないのです。

無理して頑張るのではなく、わからなければほかの人の力や知識を借りればいいだけの話です。


別に相談することは、仕事についてのアドバイスだけではありません。

働き方や今後の自分の人生などを、昼食のとき、仕事が終わったあとに聞いてみるというのもいいでしょう。

あなたの思い、進むべき道などについて、いろいろな角度からの意見が聞けるからです。


あなたの相談に賛同する意見もあれば、異なる意見もあるでしょう。

そのすべてがあなたの今の、さらには将来の糧になるのです。

仕事を続けていると、いろいろな思い込みがあったりします。

相談することで、それに気づくこともしばしば。

間違いを発見することもあります。

しかも、会社にはさまざまな立場で仕事をこなしている人がいますから、さまざまな価値観、意見が飛び出してきます。

そうした多くの意見を結集することで、大きな力となって磨かれていく。

それは、あなたが今働いていても、働いていなくても、なんとなく実感値としてわかっているのではないでしょうか。


ですが、**なかなか相談できない。**

それには、**相談するまでに「言語化の壁」「諦めの壁」「自己防衛の壁」という3つの壁が立ちはだかっていることが大きな要因**ではないかと考えます。

まず「言語化の壁」から説明していきます。

「困ったことがあったら、相談してね」

よく見聞きする文言ですが、「相談しなさい」と言われ、いろいろ考えたけれど、「相談することはない」と答えておしまいになっていることが多くないですか？

これ、「どうせ聞いてもいいアドバイスはもらえないだろう」とか「そうはいっても相手は忙しいだろう」と、原因を相手におきがちですが、**「なにをどう聞いていいかわからない」という自分自身に原因がある場合も少なくありません。**

つまり、なにに困っているのかがわからない。尋ねようとしたら「なにをしていいかわからなくて困っています」という非常に漠然とした質問になりそうで、さすがに相手も困るかなと思い、相談するのを諦める。そんな経験ないでしょうか。

この言語化の壁をやぶるためには、行動を作業にしないことが大切です。

例えば、「ここの図面を参考に設計図を書いてください」と言われたから、ただ真似して書くのではなく、「参考の図面と今回設計する建物には、○○といった共通点があるから、そこを参考にして設計図を書く」といったように、なぜこの行動をしているのかを明確にすることが大事です。

つまり、**どんなゴールに向かって仕事をしていて、そのために、今なんの作業をしているのかを理解し、イメージし、考えて仕事をする**ことです。

すると、「図面を参考にしてきたけど、参考の図面の建物と、今設計している建物では××が違うけど、そこはどうすればいいのだろう？」といったように、今、自分がなにに悩んでつまずいているのかが明確に見えてくるため、言語化して質問しやすくなるはずです。

もし、それでもなにに悩んでいるのかをどう説明していいかわからないときは、**今まで考えて行ってきた行動を全部説明すれば、なぜうまくいってないか、相手も一緒になって原因を探りやすくなる**はずです。

2つ目の壁が、「**諦めの壁**」です。

「質問しても意味がない」「答えのないことを質問してもムダ」と勝手に諦めて相談をしないといったものです。

この壁を形成しているのが、決めつけです。

自分の仕事は、自分が一番よくわかっているという決めつけていませんか？

確かに、あなたが受け持っているのですから、その仕事に関しては、一番詳しいのかもしれません。

ですが、相手が似たような事例を経験していて、効果的なアドバイスをもらえることもあるはずです。


質問したら100％の答えを返してもらえると決めつけ、「質問しても、100％の答えが返ってこないなら意味がない」と諦めていませんか？

100％の答えを返す理想通りの上司はなかなかいません。

「いつも自分はこうしている」とか、経験則だけの根拠のない説明しかできない人や考えさせるようにわざとヒントしかくれない人もいます。

たとえ完璧な答えが返ってこなくても、なにかしらのヒントをもらえたり、相手にしゃべっている最中に自分の考えがまとまって、答えがひらめいたりすることもあるものです。

これも相談によって得られる効果です。

また、相手が忙しそうな顔をしていたら、聞いてくれないだろうと決めつけて、諦めていませんか？

実は忙しそうに見えていて、自分の作業に集中しているだけなんていうことがよくあるものです。

たとえ本当に忙しくて**「ごめん忙しい。あとにして」と言われたとしても「すいませんでした。何時頃ならお時間いただけますか」と質問し、アポを入れられれば、しめたもの**です。

どうしてもその人が忙しすぎてダメだったのなら、ほかの人にお願いしたっていいんです。

ただ、できれば相談するタイミングは考えましょう。

相談を持ちかける相手の顔色や機嫌を観察するのも方法ですし、スケジュールなんかを押さえていると、もっといい結果を得られるかもしれません。

やはり、相談を持ちかけられるほどの人物は、自分が忙しくないときを見計らって相談にやってきたというのを見抜くものです。

そんなできる人物に目をかけられれば、今後その人はあなたのよきアドバイザーになってくれることでしょう。

勝手な決めつけによってできた「諦めの壁」を壊し、相談しなくては、なにも変わりません。

目標達成のためには行動あるのみ。

「困り事が言語化できたら、ソク相談」を合言葉に、どんどん相談していきましょう。

相手の印象が、ぐっとよくなる相談のコツ

3つ目の壁「自己防衛の壁」についてです。

いろいろな人を見ていると、これが一番高い壁かもしれません。

具体的にいえば、自分が傷つくことを恐れて相談しないというものです。

相談することによって「まだこんなところまでしかできていないのか」「こんなこともわからないのか」といった自分の仕事に対する叱責が飛んでくるのが怖い。

「それぐらい自分で考えろ」「忙しいのに迷惑。しつこい」

などと、上司や同僚などからバカにされてしまう恐怖。

そのようなことが原因で、相談しないという結論にいたってしまうケースはよくあるように感じます。

確かに、上司たちがバリバリ仕事をこなしている姿を見ていると、「話しかけづらい」という気持ちはよくわかります。

叱責が怖いのも、当然です。

ですが、1つこれだけは覚えておいてください。

あなたが相談できずにそのままにしてしまった「問題」は、「時限爆弾」だということです。

早めに上司に相談すれば、協力して解除できるかもしれないですが、そのままにして**時間が経つほどに、解除に費やせる時間が減り、危険度が増していきます。**

そして、最終的に解除できなければ、ドカンと爆発してしまい、あなただけでなく、上司、会社を巻き込んで損害を与えかねません。

そうなれば、叱責の大きさははじめとは比べものにならないものになることは間違いないでしょう。

相談しないことは、自分を守っているようで、実は危険にさらしている行為だということをぜひ心得ておいてください。

また、「忙しいのに迷惑」などと思われることに恐怖を感じるのであれば、前項でも述べたように「お忙しいところ申し訳ございません。相談したいことがありまして、何時だったら大丈夫でしょうか」とアポイントをとることがおすすめです。

そうすれば「自分のことも考えてくれているんだな」と印象をよくする人もいるでしょう。

ただし、なんでもかんでも相談をぶつければいいというものではありません。

上司や同僚は、あなたのWikipediaでもGoogleでもないのです。

それこそ「それぐらい自分で考えろ」と叱責される危険性があります。

相談をより意味のあるものにするために大切な30分

まずは**自分で考えること、調べることが大前提。私が常々社員に言い聞かせているのが、「まず、自分の頭で30分考える」という習慣**です。

車を運転するとき、ナビに頼りっぱなしだと、目的地にたどり着けたとしても、なかなか道を覚えられないのではないでしょうか。

スマホなどで道案内機能を使ってたどり着いた場所だと、帰るときも、道案内機能を使わないと帰れないということはありませんか？

一方で、自分で道順をあれこれ模索しながら、「あの道を右に曲がって、この歩道橋を過ぎてから左折、そして、大きな道に出て……」とたどり着ければ、帰りの道はスムーズでしょうし、一帯の地理が立体的に理解できるものです。

仕事の現場でも同じことがいえるのです。

例えば、設計図を描く場面で、どの線から引いていけばいいのかわからなかったとしましょう。

そこで、**普段から上司や先輩に「わからないことがあったらなんでも聞いて」と言われているのを思い出し、すぐさま質問しているようでは、とても成長は望めない**のです。

まずは、ここに機器のプロットをしてみてはどうだろう、こっちの配管をしてみたらどうだろうと、あれこれ考えてみるのです。

その上で教えを乞《こ》うのです。

考えることで、「言語化の壁」も突破できます。

なにも考えることなく質問していたのでは、どんなに丁寧な説明をされても、次につながらないのです。

仕事でわからないこと、理解できないことに直面したら、30分間は自分なりに試行錯誤してみましょう。

そして、質問する際に自分が考えたことを交えると、教える人もあなたがなにをわかっていないかを知ることができ、より的確な指導ができるのです。

ただし、30分考える前にも、注意すべきことがあります。

それは、**考える前に必ず、上司に与えられた仕事の概ねの目的や方向性を聞いておく**ことです。

本来は、上司からそのような話を振るべきだと思いますが、時間がなかったり、自分で一から考えることが成長につながると思っていたりすると、「とりあえず自分で考えてみて、それでわからなかったら聞いて」とだけ言われるケースも少なからずあります。

そのときに、ただ「わかりました」とだけ答えて、自分なりの考えで進めていくと、的外れなことをして、時間の無駄になってしまう場合があります。

「なんでそうなったの？」

「いや……自分で考えてこう思ったので……」

こんなシーンを私の会社でもよく見かけます。

こうなると、納期までの時間がどんどんなくなってしまうので、「もう時間がないから、ここをこうやって」といった具体的な指示を出すしかなくなり、考える機会が奪われることになってしまいます。

30分は、やみくもに考える時間ではなく、目的のためになにをすべきかを考える時間です。

ですから、目的や方向性を知った上で考えないと意味がないのです。

また、**30分考えてわからないものは、何時間考えてもわからず、考えるだけ時間の無駄になることが多い**ので、30分経ったらすぐに相談するようにしてください。

「計画崩壊」をよく起こす人のスケジューリングの仕方とは

「プロ」として身につけたい力の4つ目は、「計画力」です。

どんなに忙しいときでも、仕事を受けてまずやるべきことは、仕事にとりかかることではなく、計画を立てることです。

頭の中でなく、しっかりとデータなり紙にスケジュールを残すことが大切です。

もう大体の手順がわかっているし、かかる日数も予想できると思うようなときにも、計画を立てましょう。

新しい仕事が途中で入ってきたり、トラブルがあったり、あなたの頭のなかだけでは処理できなくなることが起きる可能性があるからです。

また、計画を立てていったときに、無理ということがわかれば、早い段階から助けを求めることができます。


では、計画を立てるといったときに皆さんはどうしていますか？

まずはどのようなタスクがあるかを書き出し、それをスケジュールに当てはめる。

計画を立てるとき、特に仕事に慣れていない人は、意外とここで終わってしまうケースが少なくありません。

それでは、完璧な計画とはいえないと私は考えます。

計画を完璧にするには、次のようなことが大切だと考えます。

まずは、**上司のチェックや修正の時間を計画に入れる**ことです。

納品日というのは、完璧なものをクライアントに提出する日ということであり、あなたが仕事を完了する日ではありません。

もちろん、上司のチェックがいらないというときもあるかもしれないので、前もっているかどうかを確認し、いるのであれば、その時間や修正指示が出たときに直す時間も計画に入れ込む必要があります。

そして、**必ず上司に、チェックをしてもらう日取りと期間はこれで大丈夫かどうかの確認をとってください。**

よくあるのが、自分の作業が終わってチェックしてもらおうと思ったら、上司は出張に行っていて、確認がとれないという悲劇です。

出張中でなくとも、忙しいときに、これいついつまでにチェックしておいてくださいと突如渡されたら、上司もいい気分はせず、あなたの評価が下がってしまう危険性もあるでしょう。

逆にあなたが同じことをされたら「え？」と思うのではないでしょうか。

ですから、事前に上司へチェックの日取りを確認することは大切です。

郵 便 は が き

切手を
お貼りください

105-0003

（受取人）

東京都港区西新橋2-23-1
3東洋海事ビル
（株）アスコム

僕らは、なにを武器に
働けばいいのだろうか？

読者 係

本書をお買いあげ頂き、誠にありがとうございました。お手数ですが、今後の出版の参考のため各項目にご記入のうえ、弊社までご返送ください。

お名前	男・女	才
ご住所 〒		
Tel	E-mail	
この本の満足度は何％ですか？		％
今後、著者や新刊に関する情報、新企画へのアンケート、セミナーのご案内などを郵送またはeメールにて送付させていただいてもよろしいでしょうか？ □はい □いいえ		

返送いただいた方の中から **抽選で3名** の方に
図書カード3000円分 をプレゼントさせていただきます。

当選の発表はプレゼント商品の発送をもって代えさせていただきます。
※ご記入いただいた個人情報はプレゼントの発送以外に利用することはありません。
※本書へのご意見・ご感想およびその要旨に関しては、本書の広告などに文面を掲載させていただく場合がございます。

●本書へのご意見・ご感想をお聞かせください。

●著者の次回作に期待することをお聞かせください。

ご 協 力 あ り が と う ご ざ い ま し た 。

さらにいえば、上司はいくつもの仕事に関わっていることが多く、1つひとつの細かいことを忘れている場合があります。

できれば、その日が近づいた段階で「この前にお願いしていた○○の確認ですが、スケジュール通り、○○日には渡せそうです。お忙しいところ恐縮ですが、確認よろしくお願いいします」と声をかけておくのがよいでしょう。

次に、**計画を完璧にするのに大切なのが、「計画は一度立てて終わりではない」ということ**です。

予定は未定であり、決定ではないのです。

仕事をこなしていく上で、計画を立てることはとても大事ですが、計画通りに仕事が進むということはまずありません。

それでも、変更の都度に計画を立てて、それに沿って仕事を進めることが求められるのです。

計画通りにいく人と いかない人の違いは？

計画通りにいく人

計画通りにいかない人

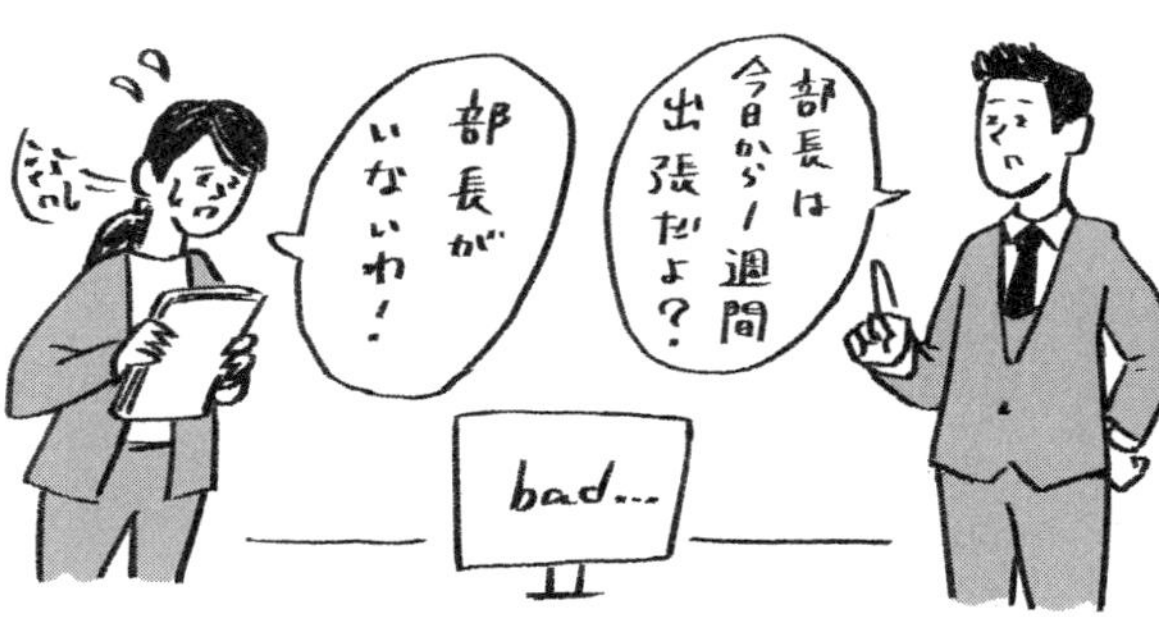

綿密な計画を立てて仕事を進行していても、上司から急に用事を頼まれるといった計画表の中に記されていないタスクもたくさんあり、それぞれが複雑に絡み合って、互いに影響するなどして計画が崩れていくのは日常茶飯事です。

計画は崩れた段階で、もう一度、修正することが大事です。

計画が崩れたときは慌てている状態で、一刻も早く事態を収拾することに目が向きがちです。

もちろん、素早い応急処置が必要なときは、すぐにとりかかることも必要ですが、少しでも**落ち着いたら、その段階で計画をもう一度引き直しましょう。**

携帯のバッテリーが切れて、道に迷ったときのことを想像してみてください。

ただがむしゃらに歩き続けて足も疲れ、日も暮れてきた。押し寄せる不安……。そんなときに、その周辺の地図が書いてある看板を見かけたら、心躍《こころおど》り、救世主のように感じるのではないでしょうか。

それと同じように、計画がご破算になったときこそ、新しい計画があなたを助けてくれるのです。

そして、その**修正した計画を、仕事を手伝ってくれる協力事務所、チェックをお願いしている上司、必要であればクライアントにも共有すること**を忘れないでください。

計画は、仕事を完遂するための道しるべになります。

先ほども述べましたが、計画を立てる段階で無理があるようでしたら、すぐに相談をすることが大切です。

もちろん、無理する必要が出てくるときもあるかもしれませんが、「いつもなら4日かかるところを2日で終わるように頑張ればなんとかなる」という**希望的な観測で立てたものは計画ではなく、錯覚**です。

もしかしたらいけるかもしれないと思い込んで、不安をまぎらせる行為でしかありません。

しっかりと現実的な計画を立てることが大切です。

完璧に計画を立てるために自分に課したいルールがもう1つあります。

それは、**「反射禁止令」**です。

過去に提出した成果物の修正依頼が急にクライアントから入ったり、突然上司に仕事を振られたりといった、**立場が上だと感じる人からの頼み事だと、ついついすぐに「わかりました」と反射で返事をしてしまう**こともあるでしょう。

しかし、それは厳禁。「いつまでに必要なのか」を必ず聞き、「ちょっとスケジュールを確認したいので」と少し返事を待ってもらいましょう。

最初にやるべきことは、「了承」ではなく、なにを優先的にやるべきか「検証」することです。

今ある仕事の計画と鑑みながら、優先度を組み替えて対応できるかどうかを見極めることです。

どうしても期限内に対応できないとなったときは、クライアントであれば「〇日までなら対応可能です」とか、上司であれば理由を説明し、ほかの人に対応してもらえるか相談してください。

できないというのは勇気が必要かもしれませんが、クライアントも上司も、了承されたのにできなくて、計画が暗礁に乗りあげてしまうことが一番困ります。

しっかりと慌てずに、返事をする前に計画を見直しましょう。

ちなみに、自分のことしか考えずに、無茶な要望をしてくる人もいます。

そういう人は、慌てているので「なるべく早く」などと圧力をかけてくることが多いです。

私なんかは、**「なるべく早く」と言われると、期限が決められていないので、意識的に後回し**にしています。

もちろん、助けてあげることもときには必要ですが、相手の都合に振り回されすぎず、あくまでも計画の上で仕事を判断していくクセをつけてください。

立てた計画を実行していくために大切なこと

計画は、立てたら実行していかなくてはなりません。

計画を実行する上でのポイントは、「振り返り」と「アラート」です。

まずは、仕事をこなす中で、**1日でどれぐらいの量をこなせたのかをしっかりと振り返りましょう。**

そうすることによって、その後の作業がどれぐらいで終わるのか、おおよその目安がつきやすくなります。

大体の目安がわかってきたら、計画に修正が必要かどうかもわかってきます。

「振り返り」を行った結果、**「これは頑張っても間に合いそうにない」となったときは、「アラート」を出しましょう。**

そして、上司などに、誰か手伝ってくれる人を入れてもらうなり、効率的なやり方を教えてもらうなりして間に合わせるようにすることが大切です。

また、クライアントが必要な資料を期限通り出してこない、協力事務所から依頼していたものが上がってこないときなどは、外部にもしっかりと「どうなっていますか？」とアラートを出すことが必要になります。

可能であれば、定期的に「進み具合どうですか？」と確認しておくことも1つの手です。

よっぽど切羽詰まっていない限り、1日に何度も催促するのは心証を悪くするので避けたほうがよいかもしれませんが、アラートは1度でダメなら、失礼にならないよう言い方に気をつけながら2度、3度送ることも大切です。

多くの場合、クライアントも協力事務所も、複数の仕事を同時並行し、複数の作業をこなしています。

こちらへの作業の優先順位を上げてもらうためには、「何度も連絡をしてもらっているのに申し訳ない」と思ってもらうことが効果的です。

なぜ、同じ意見なのに、評価が分かれてしまうのか

「プロ」として身につけたい力の5つ目は、「提言力」。こちらの**要望を相手に伝える力**のことです。

仕事をしていると、こんなことがあります。

自分と同じことを言っているのに、**自分のときはダメで、ほかの人が提言すると採用される。**

なんとも理不尽さを感じる出来事です。

私も仕事をしはじめの頃には、何度も経験し、なにが違うのかがわからず、やるせない気持ちを感じました。

今なら、なぜその人の話が採用されて、自分の話が採用されなかったかがよくわかります。

そこには大きく**「言い方」と「見え方」の2つが違った**のです。

まずは言い方について、意見が通る言い方と通らない言い方では、なにが違うのかについて説明していきます。

■0・5倍速で話す

これは、特に、あまりクライアントに対して提案の経験が乏しい人に、ぜひ心にとどめておいてほしいことです。

単純に、話すのが速くなってしまうと聞き取りづらいのです。

提案し慣れていないと、緊張やこの場を早く終わらせたいという無意識の思いから、話すのが速くなる傾向があります。

早口は、焦って自信がないように相手に思われます。

「いつもよりも2倍はゆっくり話す」ぐらいの気持ちでちょうどいいように感じます。

ただ、最初は心がけていても、慣れないと話していくうちに加速度的に速くなることがあるので、**自分の読む資料にだけ、ところどころに「ゆっくり話す」と記載**したり（うっかり読み上げないように注意が必要ですが）、内容が変わるごとに「ゆっくり話す」と心の中でつぶやく習慣をつけたりしてみてはどうでしょう。

■話をただ聞き続けるのはたいくつなことだと心得る

人の話をじっと聞くだけというのはなかなか辛いものがあります。

学校の授業でついつい眠くなってしまうのと一緒です。

プレゼンの上手な人は、参加者に話を振ってプレゼンに参加してもらうことで、議題を自分事化してもらうという話もよく聞きます。

ですから、**なるべく相手に質問を投げかけて、発言をしてもらう**ようにしましょう。

簡単なのは一気に提案をし終えるのではなく、ところどころで「これまで話した内容の中で、なにか質問はありませんか？」と問いかけることです。

提案の中に、相手への質問を入れるということを意識するのもよいでしょう。

質問として入れ込みやすいのが「あるある」です。

例えば、空調について話すときに「場所によって温度が違って、私は暑い、私は寒いと議論になることとありませんか？」といった質問をするといった、共感を生むようなことを投げかけると、相手も話している内容がぐっと身近になります。

質問は、別に反応が返ってこなくても気にしないでください。

反応してもらうのが目的ではなく、少しでも考えさせて、ただ聞くという行為にアクセントをつけるのが目的なのですから。

■具体例を入れ込む

ただメリットを伝えるだけでなく、**実際にどのようなよさがあったのか、ほかの似たような例で得たクライアントからの具体的な言葉を入れると、ぐっと伝わりやすくなります。**

例えば、「テレビは観ないからいらない」と言われたときに、「実は、災害時にネットが不通になった事例が多くあります。そのときに情報を集める方法としてテレビが必要となります。学校の職員室にテレビがある理由は、教師の娯楽のためではなく、災害時などにおける情報収集のためなんです」といった感じです。

相手が情景としてイメージできれば、印象的な話題として残りやすいはずです。

■数字を入れる

「30%値引き！」、スーパーでこのような値札を見ると、必要のないものまでなんだか気になってしまうということはありませんか？

具体的な数字というのは、かなりの力を持ちます。

例えば、「この部屋は窓が大きいので、気温の変化が激しく、エアコンの能力を高く設定する必要があります。夏場は、○℃、冬場は○℃を目標値としています」といった具合です。

自分の提案する内容の中で、多い、少ない、人気、不人気、増加、減少といった数字で表せそうな言葉がないか確認しましょう。

特に、専門知識（我々でいうところの設備の知識）がないクライアントに「結構高い」とか「かなり大きい」といった話をするとお互いの認識の差が出ます。

ですから、そのようなイメージに違いが出そうな言葉の中で、具体的な数字で表せそうなものは、できるだけ調べて数字を入れ込むといいでしょう。

■相手のレベルを推し量る

あなたの提案が「釈迦に説法」になってしまうのか、「馬の耳に念仏」になってしまうのか。

これは、受け取る側のレベルによって異なります。

詳しい人には、基礎的なことを話しても「そんなこと知っている」となってしまいますし、かといって、あまり詳しくない人に、応用から話しても「なにを言っているのかわからない」となってしまいます。

簡単にいうと、**どこまで相手を推し量れるか**ということです。

相手の能力、相手の理解力、相手の仕事に対する姿勢なども読み取り、理解できるように説明しなければならないのです。

これは、相手の経験、年齢などから察する、もしくは説明時の相手の表情から読み取るしかないのかもしれません。

もし、**社員の中で、提案する人と仕事をしたことがある人がいるならばラッキー。どういう人か確認しておく**といいでしょう。

ただし、わかりやすくて損をすることはありません。

仕事ができる人は、難しい専門用語を簡単な言葉に変換して相手に伝える能力に長《た》けていることが多いです。

特に、相手がどのようなレベルかわからないときは、専門用語に関しては、できるだけ簡単に説明するように心がけておいたほうがよいでしょう。

次に「見え方」について説明していきます。

これは、眼科の先生がおっしゃっていたのですが、人間が生活していく中で得る情報の7～8割は、視覚情報だそうです。

提案しているときも、人間は耳だけでなく、目からも情報を得ています。

つまり、**あなたが相手に対してどう見えているのかが、伝わる、伝わらないに大きな影響を与える**のです。

例えば、酸いも甘いも知り尽くしたような老練な印象を受けるご老人が歴史を語るのと、学生が語るのでは、ご老人が語る歴史のほうが同じ内容でも深みを感じてしまうのではないでしょうか。

ひと言でいえば、見た目が大事だということです。

どのような見た目がいいのかは、どのような内容の提案をするかによって変わってきます。

例えば、世の中の流行に関わるような提案をするのであれば、若々しく、少し奇抜な印象を与える服装をすることで「この人は、流行に敏感なのかな」と思わせることができるでしょう。

一方で、**信用や信頼がものを言う提案ならば、落ち着いた、誠実そうにうつる服装のほうがいい**はずです。

人は見た目じゃない、というのは私も同意見ですし、学生ではないのだから、服装ぐらい自由でもいいと思います。

ただ、人間が視覚から情報を得てしまう生き物であるがために、見た目が提言力に影響を及ぼしてしまうことは避けられません。

受け取る相手によって、見た目に対する感じ方は変わってきますが、やはり**多くの人にとってマイナスにならないのは、清潔感があって誠実そうな印象を与える身なり**です。

せっかく**提案がいいのに、見た目の雰囲気でマイナスになるというのは、非常にもったいない**です。

もし気になるのであれば、提案する人の年代に近い人に、「この格好で相手にいやな印象を与えませんかね？」などと聞いてみるのも1つの手ではないかと考えます。

ちなみに当社では、服装を常識の範囲で自由としていますが、正確さや緻密《ちみつ》さが求められる仕事ということもあり、スーツ以外だと印象のよさが3割減だと私は考えています。

仕事にまだ自信が持てない人は、やはり**スーツをしっかりと着こなすといったことからはじめるのをおすすめ**します。

未来のピンチを救うお守りを手に入れる方法

「プロ」として身につけたい力の6つ目は、「協働力」です。

会社において、いろいろな人とともに働いていく、チームで助け合っていくという意思の力です。

「情けは人のためならず」という言葉があります。

この言葉の意味を履き違えている人が少なくありません。

どんな風に間違えているかというと、「情けをかけたら、その人のためにならないよ」と、そんな風に勘違いしている人が結構いるのです。

「情けは人のためならず」とは、そんな意味ではありません。

ちなみに、この言葉を発したのは誰だか知っていますか？

以前の5000円札に描かれていて、ユネスコの前身である「国際知的協力委員会」を設立するなど、日本と外国の文化を仲立ちする太平洋の架け橋になりたいという思いの下、数々の功績を遺した新渡戸稲造《にとべいなぞう》です。

その真意はとても深いようですが、わかりやすく訳すと、「人に情けをかけることは自分自身のためであって自己満足にすぎないことだけど、情けをかけられたほうは、いつまでも忘れないでいて、やがてなんらかの形で恩返しするものだ」という教えです。

決して見返りを期待しているわけではありませんが、**ビジネスシーンでは、この「情け」が欠かせない**、そう私は思っています。

例えば、職場で窮地《きゅうち》に陥っている同僚がいたとします。

顔は青ざめ、家にも帰れないでいるそんな状況に立たされていることは、傍目にもわかるほど。

ただ、それに助け舟を出すのは危険。

累が我が身にも及びそう。

「それはあなたの仕事、私には関係ない」

確かに担当者でなければ、そう思っても構わないのかもしれません。

手を差し伸べたばかりに自分も残業しなければならない羽目にあうかもしれませんし、責任を問われる事態だってあるかもしれないのです。

しかし、**仕事をしていれば、あなたも、大きなトラブルにいつか巻き込まれるかもしれない**のです。

自分は完璧でも、クライアントの都合によることもあります。

もし自分がそんな孤立無援の状況に立たされたら、と考えてみてください。

きっと、手を差し伸べてくれた人がいたら頼もしく思えるはずです。

そして、いつか恩返ししなければと思うに違いありません。

だからこそ、**自分だけでなく、周りを見て、辛そうな同僚、先輩がいたら、自分の仕事に余裕があるなしにかかわらず「なにか手伝うことありませんか？」と声をかけてあげてほしい**のです。

そうすることで、チーム全体がうまく活動するようになり、大きな成果が生まれるはずです。

まさに、情けは人のためならず。

この精神は、会社という組織では、日常的に生かされる教えなのです。

情けをかけられると、感謝の気持ちが芽生え、それからは困った人を見かけたら積極的に声がけしようと思えるような人間性を育むのです。

もちろん、これは組織内のことに限りません。

クライアントのことを思い、アドバイスやサービスを提供したことが、やがて巡り巡って、別の顧客を紹介してくれたり、別の建物を建てる計画があるときに、「また御社に設備設計を頼みたい」と声をかけてくれたりなど、**徳を積めば自分に返ってくる**ものなのです。

会社経営者の立場で付け加えると、もし社員が自己犠牲を払って仕事に打ち込んでくれているとしたら、それを会社が見逃すことはなく、やがて必ず会社から評価をしなければなりません。

そして、会社がより発展するために、社員が自己犠牲を払わなくてもいいように、経営者は経営を整えていく必要があります。

「情けは人のためならず」

とてもいい言葉であり、わが身を律する言葉です。

仕事ができる人がやっている意外なクセとは

さて、今まで「プロ」と周りから認められる人材になるために必要な「6つの力と1つのクセ」のうちの「6つの力」について話してきました。

最後の1つ、「クセ」について説明しておきます。

その**クセは、疑心暗鬼になること。**なんだか、ちょっといやな感じのする言葉ですが、あなたの成長速度を上げてくれる、非常に大切なものです。

簡単にいえば、何事も「疑うクセ」をつけましょうということです。

これまで相談する必要性を述べてきましたが、先輩や上司に相談して指導を受ける際に、勘違いしないでほしいポイントがあります。

先輩や上司の教えを鵜呑《うの》みにせず疑問を持つことです。

疑問を持たずに漠然と聞いていたのでは、真の理解に至らないからです。

先輩のアドバイスを受け、その場でわかった気がしても、いざ仕事を進めようとすると、まったく理解していなかったと気づくことが少なくありません。

つまり、人間、**わかろうとするときには、大抵1つや2つの疑問を抱いて当たり前**なのです。

「あそこのお店、おいしいよ」と言われたら、「なに料理」「量は多い？」といった会話、皆さんしませんか？

仕事の現場でも同じです。

今まで知らなかったことを教わるときには絶対に、「なぜ」「どうして」という疑問を持つはずで、そうした疑問に答えてもらうことで、より理解が増すはずです。

未知の世界に疑問がないということは少ないかもしれませんが、もし、疑問が浮かばないときでも、疑心暗鬼のクセを発動させて、本当に正しいのか、先輩の言葉を復唱してみてもいいでしょう。

「つまり、こうこう、こういう手順で進めればいいわけですね?」

と先輩の言葉を繰り返すのです。

それに対して先輩が付け加える言葉には、思わぬヒントが隠れているはずなので、ぜひお試しください。

また、**クライアントの意見だろうと疑ってください。**

クライアントの担当者自身が、勘違いしたり、意図を間違っていたりする可能性もあるからです。

仕事を進めていく最中に、**クライアントが言っていることだとうまくいかないということが出てきたときは、「クライアントが言っていることだから正しいはず」と思考停止するのではなく、相談すべき**です。

そこで、「確かにこれだとうまくいかないよね」とクライアントが納得すれば、よりよいものができたことで、あなたへの信頼はかなり上昇するはずです。

また、あなたのもちかけた疑問から、さらなる発見が生まれることも考えられます。

たとえ、クライアントが間違っていてそれを押し通したとしても、**相談をした事実がリスクヘッジにつながる**はずです。

設備設計の現場で見かける、疑うクセがない人がよく言う言葉があります。

「もらった参考図通りに図面を描いたのに、なにがいけないんですか？」

クライアントから渡される参考図に間違いが含まれていることは少なくありません。

「参考図を確認しましたが、私はこう思い、このように図面を仕上げました」とフィードバックしたらどうでしょう。

図面をチェックする先輩や上司も、その図面の問題点が明確になり、さらに、あなたの知識レベルがわかるので指導しやすくなるはずです。

疑心暗鬼をクセにする

COLUMN

中之島設計の中の人　入社3年目　女性

残業を減らすために一番必要なのは、積極的な「相談」

中之島設計には、新卒で入社して、今年で3年目になります。

大学時代に、建築に興味を持って、自分でもCADの資格を取るなどしていたので、設計ができるところを中心に就職活動をしていました。

ここに決めたのは、**福利厚生がしっかりとしていたのと、プライベートの時間がしっかりと確保できそうだった**からです。

特に、プライベートでこういうことをしたいというのはなかったのですが、性格的にだらだらと過ごすのが嫌いで、しっかりと時間内で終わらすことを目指し、集中して仕事をしている会社に入りたかったんです。

もちろん、残業が多い会社が全部、仕事をだらだらしているわけではないとは思いますが、学生のときは、1つの基準になると思っていたので、選ぶ際に重要視していた部分でした。

また、**若い社員が多く、風通しのよさそうな会社**だなと感じたのも入社を決めた1つの要因だったと思います。

入社して、ちょっとイメージが違ったのが、残業ですね。

育児休暇も取りやすそうで、女性ならではの体調不良に対する特別休暇があるなど、福利厚生はしっかりしていたのですが、入社前はほとんど残業はないと思っていたので、多く感じました。

入ってからすぐはさすがになかったのですが、1年近くが経ち、自分で仕事を任されるようになってからは、残業する日が増えていきました。

でも、今思えば、自分の仕事の仕方が悪かったのもあったと思います。

最初のうちは、「任せられたのだから、自分でやらなくては」という思いが強くて、自分で抱えすぎていたように感じます。

せっかく**上司や同僚などがいるのですから、もっとその人たちを頼ったり、相談をしたりすればよかった**ですね。

それがわかってからは、大分残業も減るようになりました。

また、「風通しがいい」という会社ほど「風通しがよくない」という話をよく聞きますが、イメージ通り、風通しのよい会社だったのはよかったです。

歓迎会や社員旅行など、社員同士のコミュニケーションがとれる機会を社長が積極的につくってくれるからというのが1つの理由としてあると思います。

設計は、キャリアが長くなればなるほど個人で完結できるので、なかなか仕事中には関わる機会が少ないという人も社内にはいます。

正直、第一印象で「この人怖そう」と勝手に思って、あまりこちらからは相談しづらく感じる人もいました。

年上でキャリアが長いというだけで、そういう印象って持ちやすいですよね。

ですが、飲み会などでコミュニケーションをとる機会があると、全然その人は怖くなくて、随分と話しやすくなりました。

そのような場が苦手な人もいるかもしれませんが、個人的には、**仕事でのコミュニケーションを活発化させるためにも、社員同士が交流できるイベントは大切**だなと感じています。


若い人が多い会社だからしようがないのかもしれませんが、私たちのような経歴の社員が相談できる中堅社員がもっといてくれれば、ありがたいですね。

早く自分たちがそのような立場にならなければならないのかもしれませんが……。

もちろんプレイヤーとしての自分のスキルアップも大切だと感じますが、人を育てられてこそ一流の「プロ」だと思います。

3年後、5年後はもっと、それこそ今の私たちの立場の人をマネジメントができるようになることを意識しながら、これからも頑張っていきたいです。

第3章

「プロ」になる
道半ばで挫折しない
ための心得

世の中の「焦りの波」にのみこまれずに、土台をつくる

社会に出て間もない**20代前半は、特有の焦りがある**ような気がします。
まだ、何者でもない自分への焦り。
今、ここにいて、果たしていいのだろうかという焦り。
こんなことをしているうちに、みんなにおいてきぼりにされてしまうんじゃないか
という焦りも……。
私にもそんな焦りに覚えがあります。

特に、今の若い子は、**結果をすぐに出そうと焦りすぎている**ように思います。世の中の変化のスピードが速くなっていっている中で、自分も早く成長しなくてはと焦っているのかもしれません。

もしくは、早くから成功している人たち、活躍している人たち、お金を持っている人たちの情報が、ネットなどを通じて多く目にするようになったことも影響しているのかもしれません。

ネットの情報は、ユーザーの年齢やそれまでの閲覧履歴《えつらんりれき》などから、あなたが興味があると推測されたものが流れてきます。

若くして成功した人たちの情報が気になって、そのような内容の記事を読んだり、検索したりしていると、次から次へと同じような情報を目にする機会が増えます。

そして、いつの間にか同世代の先端をいく人たちと自分との隔たりに、苛立ちを感じるようになってしまうのです。

その結果、「**早く自分がやりたいことをやれるようになりたい**」「**結果を出したい**」**といった焦りの底なし沼に陥りやすくなっている**のかもしれません。

ですが、どうか焦らないでほしいのです。

もちろん、時代の変化に合わせて自分を変えていくのは大切なことです。

ですが、**新しいことばかりに目移りしすぎて、どうしても時間をかけないと習得できない技術がおろそかになっている**ように思います。

ここに逆にチャンスがあるのではないでしょうか。

なぜなら、**時間をかけないと手に入らない技術を持っていることが、今以上に強みになる可能性が高い**からです。

転職のタイミングとは？

現状がうまくいっていないと、「転職」という言葉が頭の中にちらつくかもしれません。

別に転職を否定するわけではありません。

さまざまな会社がある中で、人を育てるところまで手が回っていないところも少なからずありますし、相性というのもどうしてもあるので、すぐの転職が功を奏することもあるでしょう。

ただ、**漠然とした焦りやいっときの不満で転職して、せっかくもう少し頑張れば身につけられるものが、身につかないまま終わってしまうことは、非常にもったいない**とも感じます。

少なくとも、あなたを育てようという意識を感じる会社であり、なおかつ楽しそうに仕事をしている先輩がいるのであれば、**これまで述べてきた働き方のコツを意識しながら3年間は働いてみる**のはどうでしょうか。

私がこれまで何人もの社員を見てきた中で、3年経つとガラリと変わるケースが非常に多かったからです。

一方で、「3年間はまったくなにをやっているか意味がわからないこともあると思うし、『やらされてる』としか感じないかもしれないから辛いですよ」と会社説明会で正直に説明をしています。

3年は長いと感じる方もいらっしゃるかもしれません。

しかし、長く続けたからこそ得られる力があります。

長く丁寧に固められた土台が丈夫なように、その力は、ちょっとやそっとのことでは崩れない強さを持っています。

そして、その身につけた力を存分にふるって活躍する、**3年が一瞬と思えるような、長いビジネスパーソンとしての人生が待っている**のです。

ゴールが見えていると、人は意外と頑張れるものです。

まずは、3年は頑張ると心に決めて、歩んでみてはいかがでしょう。

お客様は、決して神様ではない

ある日のこと、1人の社員が、この世の絶望のような、まさに茫然自失《ぼうぜんじしつ》という表現がぴったりの表情でうつむいていました。

「なにかあったの？」と尋ねたところ、どうやらクライアントから急な仕様の変更があったというのです。

納期を聞いたところ、とてもじゃないけど、間に合いそうにない日程。

「それはどう頑張ったって無理でしょう。納期を延ばすように言った？」と尋ねると、「いいえ、急な仕様変更で申し訳ない」と謝る勢い。

さらには新しい仕様の説明を聞くのにいっぱい、いっぱいで、納期の延長まで話が及ばなかったようです。

「クライアントの言うことですし……」と、最後は泣きそうな顔でうなだれてしまいました。

特に、経験が浅いうちは、お金を払ってくれるクライアントの言うことは絶対に守らなければいけないという固定観念を持つ社員は少なくありません。

もちろん、クライアントがお金を払ってくれるから、会社は成り立っているのは間違いありません。

ですが、**クライアントは神様ではなく、1つの事業を一緒にこなすチームのキャプテン的な存在**でしかありません。

その言葉は、ご神託でもなんでもないのです。

絶対に無理なことには、「無理」と言わなければなりません。

そうでないと、向こうは納期通り上がってくると思ったままです。

結局、**納期通りに上がらなくて、その後の計画がうまく運ばなかった場合、相手に迷惑がかかり、こちらが責任を負うという事態になりかねません。**

なにも言わなければ「イエス」と言ったのと同じです。

少しでもまずいと感じたのであれば、その場で納期の延長を申し出る。もし、判断がつかなければ、「納期に関しては、一度上の者と相談してお返事させてください」と納期が危ないことを告げておくことが必要になります。

大切なのは言うことを聞くことではなく、言わなければならないことを話すことなのです。

クライアントからの資料がこないとか、不明点が出てきたときは、「クライアントも忙しそうだから迷惑かかるかも」などと微塵《みじん》も考えずに、論点を明確にしてから相談することが大切です。

気を遣われるよりも、最大限の成果を渡されることをクライアントも望んでいます。

そして、クライアントとやりとりする上で必ずやってほしいことがあります。

それは「言質《げんち》どり」です。

クライアントの指示を受けて「絶対間違えている」と思って反論したときに、「それでも指示通りやってほしい」と言われることがあります。

そこまで言われてしまったら、従うしかありません。

そのときは必ず、**メールでも構わないので「指示内容をメールで送ってもらえないでしょうか」と伝えて**ください。

あとで証拠となる言葉、いわゆる「言質」を目に残る形で残すのです。

指示通りやってほしいと言われたとしても、いざ問題が起きたときは、あなたのせいにされることがあります。

そのときに、とっておいた言質が役に立つのです。

「言った、言わない論争」を回避するためのコツとは

上司やクライアントとのコミュニケーションによって生じる問題でよくあるのが、「ちゃんと説明したのに、聞いていなかったとごねられました」という「聞いてないトラブル」です。

そこで「言った」「言わない」を論争しても、真偽を証明しようがない争いになってしまうので、このトラブルが起きた時点で、正直事実がどうでも関係ありません。

ここで**考えるべき問題は、しっかり説明したのに、なぜ相手に「聞いていなかった」と言わせてしまったか**です。

「いや、相手が忘れただけだろ。なんでこっちが怒られなくてはならないの？」と、もやもやした気持ちを抱えてしまうのはわかります。

ですが、**いくら相手が間違っていたとしても、「聞いていなかった」という言葉を出されて明確な反論ができない時点で負け**なのです。

「言った、言わない論争」に決着が出ることはありません。

そして結局、困るのは自分です。

これを言われないように対処するしかありません。

ベストな方法は、先ほども言ったように、言葉で伝えたあとで、「先ほどはお話を聞いていただきありがとうございました。〇〇は△△の件、何卒よろしくお願いします」と、話す時間をもらった御礼とともに**会話の重要な部分を要約した内容をメールで送る**ことです。

履歴が残りますから、「聞いていない」と言われた瞬間に、「〇日にメールでもお伝えしています」と明確な反論ができます。

上の立場になればなるほど、社内、社外のさまざまな案件に関わることが多くなり、日々の情報量は上がっていく傾向になります。

ですから、**情報を可視化してくれる行為はとても仕事の助けになるので、あなたへの印象がとてもよくなるという副次的なメリットも生まれます。**

ちょっと面倒くさいですが、自分の身を守るためにやっておきたい方法です。

もう1つは、**伝えるときにできるだけ会話のキャッチボールをすること**です。

考えてしゃべるという行為をしてもらうことによって、より会話を印象づけるという手法です。

また、**相手の言葉に情報を盛って復唱するのも有効**です。

人は、同じような情報が多いと忘れやすくなります。

同じ業界同士の会話であれば、出てくる言葉、交わされる内容も、いつも似通ったものになりがちです。

いろいろな人とも同じような会話を幾度となく繰り返されていくうちに、あなたとの会話が埋もれてしまうのです。

例えば「12日の14時に打ち合わせをお願いします」と言われたら、「11月12日○曜日の昼の2時、14時に御社に伺ったらよろしいですね？」といった具合に、**相手からの情報にさらに情報をプラスして、くどいくらいに念を押すほうがいい**のです。

おそらく、ただ単に情報を伝えたときよりも忘れられにくいですし、たとえ忘れたとしても、あなたの指摘で「はっ」とする率は上がるはずです。

そこからは、相手側の人間性の問題、しらを切り通すのか、「そうだった」と謝罪をするのか……。

質問を投げかけたときの相手の表情をよくよくチェックしておけば、その人が信頼できる人かどうかも確認できるでしょう。

新人のうちに気にすべきは、評価よりも自分の行動

「隣の芝生は青く見える」ということわざの教え通り、**私たちはとかく他人と比べてしまう**ものです。

とりわけ、仕事が絡むとその感情は大きくなるといいます。

それは仕事をして、その成果としてお金を頂くからだといわれています。

私の会社に入社して間もない新人2人がよく比べられています。

1人は同僚や先輩、上司に認められ、クライアントとの関係も良好で、仕事もそつなくこなします。

もう1人は、なかなか結果を残せず、後輩にも軽く見られ、クライアントからの評価も芳《かんば》しくありません。

しかし、私から見れば、その両者に大きな差はありません。

会社に入って3年目以降に、本当の実力というのは現れるものです。

同期より上だの、下だのといった小さな違いや評価に気をとられてはいけません。

また、自分より低い位置にいる者を見て安心感を抱いてもいけません。

私はむしろ、**出だしが遅れるほうがいい**のではないかと思っています。

長い人生を考えると、大したキャリアもないのにチヤホヤされているより、厳しい目にさらされているほうがいいに決まっています。

今どきはあまり響かない言葉でしょうが、「苦労は買ってでもしろ」です。

できないからこそ、多くの苦労がやってくる。そして、それは大きな成長の糧になります。

また、出だしが遅れた人は、その分、成長のための過程を多く踏んでいるわけです。その経験は、成長してマネジメントという他人に仕事を教えるときに絶対に役に立ちます。

新人だろうと中途だろうと、会社に入って3年は、周りの評価を気にしなくていいですし、できないと自分を卑下しなくていい。

愚直に「プロ」になるために必要なことを実行していくことが大切です。

あるとき、神様からとてつもない能力を与えられるというアニメや漫画のような奇跡は起こりません。

ですが、**必要な努力を続けた人が、なにかしらの出来事がきっかけになって、霧が晴れたように輝きはじめるといったことを何度も見てきました。**

まず3年間は、自分がやるべきことに集中する。

それがあなたがすべきベストな選択です。

売上＝能力では必ずしもない

話はそれるかもしれませんが、評価について少し説明しておきたいと思います。

そもそも「できる」「できない」を決めるのは、なんでしょう。

よくいわれるのは売上です。

売上に貢献するのはもちろん評価ポイントになりますが、それだけで絶対的な評価になることはありません。

会社に貢献するのは売上だけではないからです。

逆に売上が少なくとも評価が高くなるケースも大いにあり得るのが、私の標榜《ひょうぼう》する人事評価制度です。

そもそも売上＝その人の能力、ではないことが多いです。

○○さんにお願いしたいという、「プロ」とすでに呼んでもいい人は別ですが、たまたま割のいい仕事を振られたということもあるでしょう。

逆に、大変だけど売上はそこまで高くない案件を振られていることもあります。

また、ほかの人が手伝ったからこそ完遂できたという場合もあるのです。

さらにいえば、売上だけを考える人は、粗利を考えなかったり、面倒で単価の低い仕事を敬遠したりしがちです。


重要なことは1点だけで、**「売上」ではなく、多くのチェックポイントを設けて「役割」を評価すること**だと私は考えます。

そこで、与えられた「役割」をしっかりとできているかを評価する新しい人事評価制度の導入に今、私は積極的に臨んでいます。

その人が毎日行っている行動を評価したいのです。

詳しい内容は後述しますが、例えば、報告・連絡・相談ができているのかという評価項目では「内容・タイミング・使用するツールなど正しい報告・連絡・相談のやり方を理解して正しく報告・連絡・相談する。ただし、まだ報告・連絡・相談すべき内容が精査できないうちは何でも報告・連絡・相談する。できていない人がいれば、上司なら総務に相談し、同僚部下なら注意する」といったように、役割ごとに、できているのか、いないのかが明確にわかる基準を設けています。

たとえ、今は売上が少なくても、その人がいずれ「プロ」になれるプロセスをしっかりと踏んでいるかどうか、きちんと評価していきたいのです。

また、**評価の基準をしっかりと設けることは、やるべきことの明確化にもつながります。**

評価＝会社からやってほしいことなわけですから、社員としての実行すべき事柄、働き方がより伝わりやすくなるのではないかと考えています。

話を戻すと、特に**3年目までは「結果」ではなく「行動」が大事**です。

もちろん結果が出るに越したことはありませんが、たとえ結果が出たとしても、そこに対して喜ぶのではなく、うまく相談できたとか、計画がうまく立てられたとか、自分の行動に対して喜ぶという姿勢が大切なのだと確信しています。

なぜ今も「挨拶が大事だ」と言われ続けているのか

「毎日、相手にきちんと聞こえる大きさの声で挨拶しましょう」

多くの経営者、著名人がその重要性をあえて語っているように、私も朝の挨拶がとても大事と考えていますから、社員には口酸っぱく、「朝の挨拶は大きな声で」と言い続けています。

もう聞き飽きている言葉かもしれませんが、なぜあえて言うかといえば、**意外と「毎日、相手にきちんと聞こえる大きさの声で」ができていない**からです。

自分のここ1週間の行動を振り返ってみてください。

夜更かししてしまって眠いとき、朝の通勤電車が満員でぐったり疲れてしまったとき、忙しいとき、ついつい声が小さくなったり、デスクから少し顔を上げただけですませたり、「ほかの人が言ったからいいや」と自分はしなかったり。

「そういえばできていなかった」という方も少なくないのではないでしょうか。

朝の挨拶は決して侮れないのです。

仕事をする上でとても重要な、そして欠かせないものなのです。

朝の挨拶は大切だというと、「小学生でもあるまいし」と思う人もいるでしょうが、大切だからこそ、小学校に入学するとすぐに、朝や帰りの挨拶がしっかりできるように教育されるのです。

東京都健康長寿医療センター研究所の村山幸子さんたちの研究チームが２０２０年に発表した「児童・生徒のあいさつ行動と地域愛着および援助行動との関連」によると、挨拶をすることによって、子どもたちの地域への愛着や助け合いの精神が強まり、社会性の向上に役立つことが示されています。

つまり、**挨拶することで、チームとして働く上で大切な「協働力」が身につく**とも解釈できるのです。

こういった効果は、決して子どもだけの話ではありません。

とりわけ、**入社して日が浅いうちは、積極的な挨拶が自己PRにもなります。**

大きな声で「おはようございます」と挨拶されたら、「なかなか元気な新人だな」と好感を持たれるはずです。

「うるさいな」と眉を顰《ひそ》める人はほぼいないと考えていいでしょうし、いたとしたらその人に欠陥があると思ってもらって構いません。

先輩や上司に気に入られれば、仕事も丁寧に教えてくれるでしょうし、事あるごとにアドバイスもしてくれるものです。

朝の挨拶どころか、ろくに社員同士で言葉も交わさない先輩や上司もいますが、そうした人をまねてはいけません。

挨拶と仕事の関係

挨拶のできない人は仕事ができない人が多いです。

決してあてずっぽうで言っているのではなく、それを裏付ける私の経験からくる統計的データがインプットされています。

実際のところ、アメリカの心理学者、アルバート・メラビアンによると、**「第一印象は3〜5秒で決まる」**そうです。

そして、その第一印象は、6カ月影響を与えるといっている人もいます。

クライアントに会って3〜5秒ですること。それは挨拶です。

小さな声で挨拶されると、なんとなく頼りないし、自信がなさそうな人に見えないでしょうか。

「この人で大丈夫なのだろうか」と、相手にマイナスの印象を持たれ続けるきっかけになってしまっている可能性があります。

また、挨拶の声が小さい人は、普段の声も小さくなる傾向があり、それが業務に支障をきたすことがあります。

電話などでやり取りをするときに、相手が小さな声で話しかけてきたら、イライラしますよね。

話の内容より、どんなところから電話してきているのだろう、何事が起きているんだろうと心配になりますし、疑心暗鬼にもなってしまいます。

たとえ友人との電話であっても、会話は弾まないのではないでしょうか。

日頃から挨拶も会話もしない人は、声が出しにくくなっていますし、声を出す調整力にも問題が生じているはずです。

普段、社内での会話を適当にこなしている人が、いざクライアントとの打ち合わせの場で、声の強弱の調整ができずに、しっかり大きな声を出そうとしてどなり声になってしまったという場面にも数多く出くわします。

つまり、声を出す機会が少ないことから、声のトーンや大小をコントロールすることができなくなってしまっているのです。

確かに、近頃はプライベートも仕事も、ＬＩＮＥやメールでやり取りすることが多くなり、むしろ電話で話すほうが違和感を持つ人が増えているといいます。

それほど声を出すことが奇異なことだと感じてしまっているのでしょう。

しかし、仕事のシーンではそういうわけにはいきませんので、**しっかりと声を出してクライアントに対応しなくてはいけません。**

普段から声を出して、どんな声の大きさやトーンなら相手に心地よいと思ってもらえるか知っておくことも欠かせません。

心地よい挨拶で先輩や上司、客先に出向いていけば、必ず好印象を持たれるでしょうし、仕事もスムーズに運ぶようになります。

それが**個人だけでなく、会社全体の信頼につながっていく**のです。

それだけに仕事はじまりの朝の挨拶は大切にしたほうがよいと私は考えます。

残業を減らす努力が、15年後の武器になる

働き方改革やライフワークバランスが強くいわれている今、定時で帰るのは当たり前ですし、会社もそうコントロールしなければならないことになっています。

それでも、現場ではなかなかそうはいかないこともあります。

私の会社も、繁忙期となれば、残業が続いてしまうこともあります。

なので、社員からしたら「お前が言うな」かもしれませんが、大切なことなので言っておくと、**できるだけ残業時間を減らせるように全力を尽くしてください。**

理由は2つあります。

1つは「**リスクマネジメント**」**のため**です。

これまでも述べてきたように、仕事では思わぬトラブルが、多く発生します。

急遽《きゅうきょ》クライアントの意向が変わってしまった、想定していたものや人が使えなくなったなど、「なんでそうなるの?」と思うような、運が悪かったとしか言いようのない信じられないトラブルも起こることがあるのです。

最初から残業時間を当てにした計画を立てていたら、そんなときにリカバリーができなくなります。

万が一のトラブルに対して対処するために、残業時間は残しておいてほしいのです。

もう1つが「**15年後の未来のあなた**」**のため**です。

効率などを考えなくても、残業時間を気にしなければ、仕事を終わらせられるかもしれません。

未来になくなる力に頼らない

若ければ、効率を考えなくても徹夜すればなんとかなるかもしれません。

しかし、そのような長い時間を費やした働き方ができるのは、「若さ」があるからです。

そして、その**「若さ」という武器は、年とともになくなってしまいます。**

自分も、周りの同年代も「40歳を過ぎてから、ガクッと体力が落ちたよな」と言っています。

体力が落ちれば、必然的に残業ありきの長い時間を費やした働き方ができなくなるのです。

働き方はなかなか変わりません。

それこそ、15年以上同じことをやっていたものを変えるのは至難の業です。

ですから、**若さという武器をなくしたときに、急に仕事が回らなくなってしまう**のです。

そうならないように、若いうちから、効率的に仕事をする、就労時間を少なくするということを徹底してほしいのです。

では、具体的に**残業時間を減らす**にはどうすればよいでしょうか。

すぐにできることでいえば、「**その日の振り返り**」と「**今日やることのあぶり出し**」です。

終業するときに、**今日1日やったことを書き出し、全体的な計画と照らし合わせて、まずは進捗《しんちょく》状況を確認**します。

そして、どこに時間がかかったのか、なんで時間がかかったのかといった原因を明確にして書き出します。

予定通りできたことやできなかったことの問題点が浮き彫りになることで、上司や同僚に早い段階で相談できるようにもなります。

そして、**明日はなにをすればいいのかをざっと書き込む**のです。

その書き込んだものを、次の日の振り返りに利用するのもよいでしょう。

これらは紙でもいいですし、データでもいいのですが、目に留まるところにおき、必ず朝一番でそのファイルを開くことを習慣づけるなど、仕事をはじめるときに、目にするようにしておきましょう。

1日の工程管理ができない人は、1週間や1カ月、ましてや設計プロジェクト全体の工程なんて組むことは無理です。

「計画ファースト」で働くことを意識づけるためにも、計画的な日々を過ごすことを習慣にしましょう。


もう1つは、仕事の順番です。

段取りの悪い人は無意識に簡単な仕事から進めてしまいます。

確かに、自分ができそうなことを選んでするわけですから、「前に進んでいる感」が得られます。

しかし、そのような**簡単な仕事は、誰にでもできる、どうでもいい仕事がほとんど**です。

なにから進めたらいいか迷ったときは「面倒くさい仕事」であったり「ややこしい仕事」だったりを先に進めてください。

それは重要度が高く、仕事に深く関わるあなたしかできない仕事です。

つまり、時間がなくなったとしても、ほかの人が代わりにくい仕事です。

最終的に1人じゃ納期に間に合わないとなったとしても、周りに振ることもできないので、どうすることもできません。

一方で、誰にでもできる仕事であれば、時間がないとなったときに、ほかの人に手伝ってもらうこともできます。

ですから、いざというときに備えて、**誰にでもできる小さな仕事からではなく、あなたしかできない大きなものから片づける**よう心がけてください。

成長スピードを速めるためにすべきこと

この章の頭で、「プロ」として活躍できるようになるまでに3年はかかるといってきましたが、もっと早く一人前になりたいという方もいるでしょう。

もし、あなたがそう思うのであれば、仕事以外の努力が必要です。

では、なにをするのがよいのか。

業種によって異なると思いますが、**私は社員に1つでも多くの資格を取得するようにとすすめています。**

少し、私たちの業界について話させてください。

建築設計に必要な資格といえば、建築設備士ですが、設備設計はこれといって決まった資格がなくても責任者が有資格者であればできる仕事です。

そんなこともあって、大学や専門学校で設備設計という学部や学科はごくまれにしかなく、設備設計という仕事は一般的には認知度の低い業種といえます。

では、設備設計に資格はまったく不要なのかと問われると、そうではありません。

建築士、施工管理技士、電気工事士、消防設備士の資格は知識として大きな助けとなります。


資格を持っていない人で活躍している人もいるし、実際の仕事にどれだけ役立つのだろうと疑問を持つ方もいらっしゃるかもしれません。

事実、私たちの業界も資格がない人が多くいます。

ですが、**自分の仕事に関係する資格を取得することは、非常に意義があること**だと私は考えています。

実際の仕事では、仕事に関係する知識しか得られず、どうしても偏ったものになりがちです。

偏った知識では、偏った意見しか出せません。

資格取得は、自分の仕事に直接関係しない知識も得られることができます。そのような知識を得ることで、幅の広い意見を出せるようになるのです。

資格取得を目指すことは、現場だけでは得られない知識を得られるよい機会であると考えます。

昔から職人気質の人は「仕事ができたら資格なんていらない」という言葉をよく発しますが、私は仕事ができる人は仕事も資格取得もできると考えています。

そもそも、資格取得に消極的な人＝仕事に対する知識欲を持っていない人だと考えられます。

また、クライアントに信頼してもらうことも、仕事を完遂するためには必要な要素になります。

名刺に資格を載せていると、一定の勉強をしてきた人という印象を与えるので、信頼感を覚えてもらう効果大です。

また、これは今、一級建築士を目指して勉強している自分自身の実感ですが、ここ最近は勉強をするという機会はあまりありませんでした。

久しぶりに試験勉強をすると、**新しい知識を得る喜びを今一度思い出し、知識欲が大いに刺激され、今まで以上に貪欲にいろいろなことを調べるようになった**気がします。

資格は身を助けてくれる

当然、資格が取れれば周りからも認められやすくなります。

私は社員に対して、「資格」があれば、なにがあっても、どこにいっても食べていけるという話をします。

資格があれば、たとえうちの会社がなくなろうと、はたまた、会社を辞めたとしても、再就職の際に大いに役立つはずです。

再就職する際に問われるのが経験値ですが、経験は数値に表せないので、いくら口で説明しても100％評価してくれるものではありません。

その点、**資格は全国的なものだけに額面通りの評価をしてくれる材料となりますし、自分を成長するために努力する人間であるという証明にもなります。**

私は、資格は貪欲に取得しろと、くどく社員に言い聞かせていますし、インセンティブとして給与にも反映させています。

社内に資格取得に向けて、受験勉強をする者が増えてくると、互いに切磋琢磨し、会社は活気づきますし、会社も成長できるのではないでしょうか。

会社を社員が一丸となって育てていくというのが、私が掲げる理想そのもの。

ぜひ、どんどん挑戦していってほしいと思います。

また、資格の勉強だけでなく、社員には、**一般常識や時事に関することにも興味を持ってほしい**と感じています。

先日、クライアントと太陽光発電設備に関して打ち合わせしている最中に、太陽光パネルが設置してあるビルの屋上で消防隊が感電したというニュースがありました。

その事故を教訓に太陽光設備を設計する際に、安全面に不安を覚えますし、耐用年数15年の設備が本当に省エネルギーに寄与しているのかを考慮しなければならないという話になりました。

こうした時事ネタに関心を持っていることの大切さを、私も従業員に教えています。

仕事に関係する情報は、同業者であれば持っている可能性が高いものです。

仕事に関係しない情報にこそ、自分ならではの価値を高める可能性があるものだという意識で、いろいろなことに興味を持ってもらえたらと思います。

悩んだときに、真っ先に行くべき場所とは

最近、本離れが進んでいると聞きますが、実際、社員たちを見ても本を読んでいる人は少ないように感じます。

私は本に命を救われた1人なので、「**本を読んでほしい**」と社員に言っています。

前にも触れた話ですが、今から10年ほど前、仕事が次から次へと舞い込んできた時期がありました。

社内ではまかない切れず、外部に依頼して対処することで難局を乗り越えました。

はたから見れば商売繁盛に見えたかもしれませんが、経営状態は火の車でした。

設備設計業界の場合、設計を終えてもすぐには入金にならず、その案件が完成してからになります。


仕事を発注した協力事務所は個人事業主なので、入金されるまで待ってくれとはいかないので、向こうから図面が納品されると、即座に支払っていかなくてはなりませんでした。


そうした負のスパイラルで赤字は数千万円まで膨らんでしまいました。

家庭は崩壊、協力事務所からは矢のような催促で、人間不信に陥りましたし、自暴自棄にもなり、人生のどん底に落ちていってしまった感覚で、「自殺」したら楽になれるかなと毎日考えていました。

当時、仕事の電話をしているだけなのに「死ぬなよ」と何人にも言われました。

自分ではまったく気づかなかったのですが、それほど死の覚悟が声に表れていたのかもしれません。

そんなときに私を救ってくれたのが、ふと立ち寄った書店で目にした金子哲夫さんが書いた『僕の死に方 エンディングダイアリー500日』（小学館）という本でした。

金子氏は肺カルチノイドという当時治療方法がない病に冒され、余命幾ばくもないことを知りつつも、周囲にひた隠しにして、最期まで仕事をする覚悟を決めました。自分が生きているうちにあげる「生前葬」を自身でプロデュースしたエピソードも紹介されています。

参列した人々の食事も細かく決め、自分が乗る霊きゅう車や死に装束まで用意する周到ぶりに、「最期はかくあるべし」と思うと同時に、「生きたくても死んでいく人がいるのに、自殺ですべて片づけられる」と考えていたことが、どれだけ恥ずかしいことなのかを諭してくれました。

この1冊との出会いを機に再起を図ることになりました。

さらには、物心両面を支えてくれた仲間との出会いもありました。

今、振り返ってみると、「死」以外の苦しみなんて大したことないという開き直りが自分を鼓舞したのかもしれません。

そして、周りから助けられ、莫大な借金を2年という短い期間で完済することができたのです。

本にしかないメリット

ぜひ、習慣的に本を読んでみてください。

大量のまとまった情報が手に入る、長時間読んでも疲れないなど本には、インターネットにはない魅力が詰まっています。

特に自分が悩んでどうしようもなくなったときは、家族や友人に相談するのもいいですが、書店にふらっと立ち寄り、店内を散策するのをおすすめします。

そして、フィクションでもノンフィクションでも、歴史小説でも、実用書でも、自己啓発書でも構いません。

目に飛び込んできた本の中から、今の自分に響いたタイトルのものを手にとってみてください。

作家の伊集院静さんは「逆境は自分だけにあるものではないと思うことが大事なんだ」と、あるインタビューで語っていたそうです。

ノンフィクションや歴史小説なら、実際にいた人の人生が書かれていますし、実用書、自己啓発書などだと著者の体験、経験を知ることができます。フィクションなら、架空かもしれませんが登場人物の人生の一端を知ることができます。

本にはさまざまな人生が詰まっているのです。

本を読んで自分と似たような境遇の人生を知ることは、悩んでどうしようもなくなったあなたにとって、なにかしらのいい影響をきっと与えてくれるはずです。

ミスがなくならない人がしている大きな勘違いとは

何度も同じミスを繰り返す人が、よく使う言葉があります。

「最後の確認の時間があまりとれずにミスしてしまいました」

「ダブルチェックはしたんですけど……」

「次はしっかり集中してチェックします」

おそらく、このようなことを言う人の心情はこうです。

時間があればきちんと確認できる、時間があればミスはしない。

ですが、**チェック方法にすべての原因をなすりつけている人は、なかなかミスが減らないことが多い**ものです。

確認が甘かったということは確かにそうなのかもしれませんし、チェックの方法を見直す、チェックの時間を長くとれるように計画を立てるということはとても大切なことかもしれません。

しかし、何度も同じミスを繰り返す人は、チェック以前に大きな問題があることが非常に多いように見受けられます。

ミスを起こす大きな問題の1つが、考えて仕事をしていないことです。

私は、社員には「まずはクライアントが求めていることを理解して、線1本、記号1つでも、その意味を問われたら答えられるような図面に仕上げてほしい」と言っています。

それは、クライアントからなにを聞かれてもいいように準備しておくという意味もあるのですが、ミスを減らすという意味合いもあります。

自分で線1本、記号1つまで、「なぜこれが必要なんだろう」と考えながら仕事をしていれば、書いている時点でミスに気づける可能性が多いのです。

一方で、なにも考えずに、似たような建物の図面をコピペした、もらった資料をうつした、先輩が言うようにやったという仕事のやり方では、そこで起きているミスに気がつけるはずがありません。

考えながら仕事をするのは、時間がかかるかもしれません。

しかし、**やり直しの時間、チェックの時間は、なにも考えずに仕事をしているときより、各段に早くなります。**

たとえミスがあったとしても、「ここはこういう考えではなく、こういう考えをすればよかったんだ」とその原因が理解しやすいので、次に同じようなミスはしにくくなるはずです。

「無責任」な「責任」を持って仕事をする

何度もミスを犯す人が言いがちな言葉が、もう1つあります。

「上司にも確認してもらったんですけどね……」

このような言葉をよく使う人は、**間違いを反省することもなく、責任を他人にかぶせてしまうタイプ**です。

他人にミスの責任の一部でも押しつける人は、あまり反省しておらず、また同じミスを繰り返すことが実に多いのです。

もちろん、慣れないうちは、上司が仕事の面倒をいろいろと見てくれるでしょうし、部下になにかあったときの責任は上司がとるものです。

しかし、**いくら上司が面倒を見ていても、自分がこの仕事を成功させる責任者なんだという思いを持って仕事をしないと、いつまでたっても成長できません。**

助手席に乗っているだけで運転技術は身につきません。

自分で車を動かすからこそ、事故を起こさない運転技術が身につくのです。

仕事も同じです。

早く仕事ができるようになりたいなら、どんなに入社したてであっても、自分が100%の仕事をするという気概と責任を持って仕事に取り組む必要があります。

もし、**ミスがあったときは、すべて自分の責任だと思って仕事していないと、気のゆるみから同じミスを繰り返してしまう**ものです。

とはいえ、フォローをしてくれる上司に小まめに相談して、助けてもらうところは大いに助けてもらえばいいですし、なにかあっても最終的には上司が責任をとってくれます。

ただ、あなたもいずれ責任をとる側になります。

無責任で許される時期に責任を持って仕事をするクセをつけておかないと、周りに「プロ」だと認められる人にはいつまでたってもなれないでしょう。

理不尽な人と仕事をするときに大切なこと

十人十色とはよく言ったもので、仕事をしていると、さまざまな人と出会いますが、**残念ながら、いい人ばかりではありません。**

決してあってはいけないことですが、いまだに女性差別や年齢差別をするような人に当たることも本当にまれにあります。

「もっと偉い人を担当にしてください」「経験のある方に仕事をお願いしたい」といったレベルならまだしも、なかには、「若い女性担当者をあてがうなんて、ウチの会社を軽んじているのか」とねじこまれた経験もあります。

このような人に出会ってしまった場合、もちろん社員を守ることが第一なので、不当なハラスメントや精神的攻撃を受けた場合は、会社として対処を検討します。

ただ、もし**会社がしっかりとフォローしてくれるというならば、一度ぶつかってみると、成長速度が上がる**ことは間違いありません。

手ごわい敵を攻略すれば経験値もたくさん入るといった、ロールプレイングゲームと同じです。

昔はそれこそ、そのような人に遭遇する確率が今よりも高かったので、私も何件もそのような威圧的な態度をとる困難なクライアントを経験しました。

一度経験してみると、同じようなクライアントに遭遇したときの対処法がわかるだけでなく、まっとうな担当者との仕事が本当にラクに感じるようになりました。

そして、その手のタイプは、案外一度認めると、ころっと態度が変わることも多いように感じます。

私も独立をしたての28歳のとき、初めて仕事をするクライアントに、次のように言われたことを今でも覚えています。

「君は若いから、設計料は、普通の人の半額でいいよね」

「いろいろと教えてあげるから、授業料だと思って」

若かった私は、激高してそのクライアントと言い合いになりました。

この仕事がなくなってもいいと思っていた私でしたが、最終的には先方から、「根性があるな」と言われて、それ以降、仲良くなり、仕事を継続していただくことができました。

ハラスメントまがいのことを言ってくるクライアントと当たる場合は、**社内全体を巻き込み、いつも以上に念入りに情報共有や相談を行いながら仕事を進めて**ください。

周りも「大変そう」という思いがあるので、いつもより協力してくれるはずです。

1人で抱え込むのは、絶対にやめたほうがいいです。

そして、「もし怒らせても、最後は会社が責任とってくれるんだから」と臆することなく、**自分の経験値を高めるためのイベントと割り切って、今、持てるすべての力を使って、対等なコミュニケーションを図る**ようにしましょう。

自分のことを卑下するような相手と話したくないかもしれませんが、この手のタイプは相手が自分に対して苦手意識を持ち、一定の距離感を保とうとしていることがわかると、その間合いを詰めて攻勢に出ることが多いものです。

逆に積極的に、**感情的ではなく、事実ベースのみの論理的なコミュニケーションをとることが攻略の秘訣**です。

繰り返しになりますが、たとえ、やっぱりうまくいかないとなったとしても、その経験は大きな糧になることは間違いありません。

COLUMN

中之島設計の中の人　入社2年目　男性

積極的に資格を取って、知識の幅を広げる

建築系の学校に通っていたのですが、学んできたのは、ほとんど意匠設計（主に家の外観や内部のデザインを行う仕事）についてで、設備設計は、今の会社にインターンで来てから知りました。

いろいろと悩みましたが、意匠設計は、知識や経験のほかに、アイデアやひらめきなどが求められるイメージがあり、そういったものを何十年も出し続ける自信が持てなかったですね。

一方で、設備設計は、もちろんアイデアやひらめきも重要かもしれませんが、**情報の蓄積や経験の積み重ねが、より直接的に自分の武器になりやすい**ので、わかりやすくていいなと感じました。

最終的に「長く設計に携わるならこっちかな」と今の仕事を選びました。

大学では建築を学んだので、確かにアドバンテージではありましたが、学校の学びは、図面を描く技術だけ。

実際の仕事では図面作製のほか、打ち合わせもありますし、現場チェック、積算(見積もり)、検査とあり、それらをこなすのに苦労しました。

ただ、苦労した分、自分の図面が製本されたものを初めて見たときは、とても感動的でしたし、2年目になった今でも製本された図面を見る瞬間は、非常に満足感を覚えます。

まだまだ知識不足で、上司のフォローに頼ることも少なくないので、早く上司の負担を減らせるように頑張っていきたいと思っています。

そのためには、日々の仕事をこなしていくことはもちろん、**知識の幅をつけるためにも、資格には積極的に挑戦**しようと思っています。

「資格は裏切らない」と社長はよく言うのですが、私もまったくの同意見です。

設備設計とは少しかけ離れているのですが、今、福祉住環境コーディネーターの資格を取得しており、さらに二級建築士の資格取得も目指し、一次試験に合格して勉強中です。

今後は、自分の実力をつけると同時に、**電子化の推進や急な休みでも仕事の受け渡しがしやすいような仕組みづくり**といった、チームの環境をよくするところにも携わっていけたらと思っています。

第4章

チーム力を育てられる人になるために

あなたの価値をもう一段階上げるために必要なこと

これまでにも、会社の強さはチーム力だということを述べてきました。

そして、会社に在籍している期間が長くなれば、重要なチームの一員として、与えられた仕事をまっとうするという役割とともに、ほかの社員をチームの一員として育てる役割、つまりマネジメントを担わなくてはなりません。

チームとして力を発揮していくためには、社員全体の能力を上げていくことが求められ、その形ができてこそ、会社全体の利益を上げることができるのです。

その会社のミッションに応えることで「プロ」としてのあなたの価値が一段階上になるのだといっていいでしょう。

しかし、すでに経験している方ならおわかりだと思いますが、これが非常にやっかいです。

自分は、自分の行動次第でいくらでも変わることができます。

ところが、**相手が変わるかどうかは、相手次第。いくらあなたが努力しても、変わるかどうかはわからない**のが世の常なのです。

そして、当社も同じですが、マネジメントだけをやっている人はまれです。

ほとんどの人がプレイヤーとして、自分の仕事を抱えながらマネジメントをしています。

そのため、「**あまりマネジメントに割けられる労力がない**」のが現状ではないでしょうか。

本来の仕事をこなすだけでも精一杯なのに、マネジメントすることを求められる。結果、残業が増えるといったことに悩んでいる人は少なくないはずです。

そこをどうクリアすればいいのか、そこにもちゃんとした道筋があります。

マネジメントをしていく上での、関わり方のコツを知っておくことです。

教育プランが会社で決まっていても、それがうまくいくかは、人それぞれによって違います。

大体が悩んだり、挫折したり、やる気をなくしてしまったり、うまくいかないことが多いのも事実です。

当たり前ですが、**マネジメントで時間的にも、精神的にも労力がかかるのはうまくいかないとき**です。

そんなときに「どうしたらいいのだろう」と悩まないように、この章では、部下との関わり方のコツをいくつか紹介していきます。

作業のやり方を伝える前に、部下に教えるべきこと

例えば入社して○カ月は△△を覚えてといった、会社員としてのスキルアップの道筋などは、会社ごとで決められていることが多いでしょう。

しかし、ただ単純にタスクを渡すだけでは、単なる作業を覚えるだけになってしまいます。

仕事に慣れるという意味ではいいと思うのですが、それよりもまずは、**会社員として、どのように働いていけばいいのか。そこを共有し、踏まえた上で作業してもらうことで、仕事への理解が深まります。**

会社として、社員に求めているものがはっきりしているのであれば、それを説明するのもいいでしょう。

もし、そういうものがないのであれば、第2章で紹介した「6つの力と1つのクセ」を共有することをおすすめします。

一人前の「プロ」と認められている人がどういう力を持っているのかを明確にすることで、具体的な目標が見えてきますし、意識しておくことで、働き方も変わってくるはずです。

部下と共有している基準があれば、部下がミスを犯したとしても、ダメな理由もよりはっきりして指導もしやすいのではないでしょうか。

もう1つ、**どれくらいの期間で、どういう状態になってほしいのかを示してあげることも大切**です。

新卒は当然ですし、中途で入った人も、その会社でやっていけるかどうかということには、誰しもが不安を持っています。

先の見えない道を歩むのはとても不安です。

その不安に押し潰されて、途中で挫折してしまい、会社を辞めてしまう人も少なくありません。

できるだけ明確に、あなたがどういう道をこれから歩んでいくのか。そして、その**先にはどういう「あなた」が待っているのか。仕事ができるようになって得られる楽しさも含めて伝えてあげてください。**

そこでつづられた未来が、仕事に行き詰まったと感じたときの支えになってくれるに違いありません。

そしてなにより、あなたが仕事を楽しそうにこなす姿を見せてあげたり、話してあげたりすることです。

実際に目に映る光景や体験談以上に、説得力のあるものはないでしょう。

自分もこうなるために頑張るんだという気持ちが醸成されることで、日々の仕事へ打ち込む活力になるでしょう。

マネジメントこそ、1人で抱え込む必要はない

おそらく、多くの会社で新人が入ると、教育係という係に誰かしらが任命されて、その新人のマネジメントをすることになるでしょう。

直属の部下ができたことで、少し自分も会社の中で偉くなったように感じて、気合が入る人もいることでしょう。

ですが、人を育てるのは、大変です。

しかも、その頃は、多くの人が自分の仕事をたくさん抱えている状況ではないでしょうか。

あまりにも部下への指導ばかりに目がいくと、自分に負担ばかりがかかってしまいます。

まず**考えたいのが、自分の仕事の効率化**です。

時間がかかっているところをもっと短時間にすませるコツはないか、上司や同僚にアドバイスを求めることにも時間を使ってください。

また、切羽詰まっているときなどは、**ここからここは自分の仕事の時間に使うということを決めておく**のも1つの手です。

人間は、同時並行でいろいろとこなせるほど、器用にはできていません。

部下に指導して、次に自分の仕事をしてといったように交互にやっていると、視野が狭くなり、非常に効率が悪くなります。

とはいえ、部下がわからないことを質問できないがために、なにもできないということは避けなければなりません。

もし忙しすぎて質問などに答えられない日は、**ほかの人に頼めばいい**のです。本人に許可をとった上で、「今日は、なにかわからないことがあったら○○さんに相談してくれる？」と頼めばいいだけです。

直属の部下という言葉に惑わされないでください。

確かに、あなたにこの人を育ててほしいという意思表示のためにそのような言葉を使っているのですが、本当に属しているのは会社です。

会社全員で育てていけばいいのですから、なにからなにまで、あなたの時間すべてを捨てなくてもいいのです。

もし部下が言うことをきかずに扱いに困っているなら、状況を話した上で、ほかの人から部下を諭してもらうのもいいでしょう。

同じようなことをほかの人から言われれば「あの人だけの意見じゃないんだな」と部下も納得しやすくなることもあるかもしれません。

どうか「**自分1人で面倒を見なくちゃ**」**という考えは捨ててください。**

もう1つは、**部下の作業スピードを把握**し、終わりそうなタイミングで次の指示内容をまとめておくことです。

部下の作業スピードを把握していないと、自分が思っているより早く終わったときに、与えられる仕事がないので、**部下を手持ちぶさたにさせてしまう**ことになります。

逆に、部下が思っているより遅い場合、次の準備をいつしようとか、ほかにもいろいろとやってほしいのにとモヤモヤします。

急に作業が速くなることはありませんし、成長速度は人それぞれ。速くなるようなアドバイスは必要ですが、自分は新人のときもっと速かったとか、他の子はもっと速いとかで、イライラするのは厳禁です。

部下のスピードを理解し、**それぞれの速度で、ノンストップで仕事できるように調整**することがマネジメントのコツだといえるでしょう。

パワハラと言われにくい、部下との接し方とは

パワハラという言葉が世に広まって以来、部下や後輩に注意ができない、しにくいという人もいます。

それは訴えられたらどうしようという怖さもありますし、そこまでの状況でなくとも注意をするのがいやだという人もいます。

どのように注意するかは、それこそ、今のマネジメントにおいて、非常に重要な問題です。

結局は人の受け答え方なので、一概にこれが正しいというものはないのですが、ひとまず気をつけるべきなのは、**部下に注意を促すときは、感情をのっけない**ことです。

感情がのっかってしまうと、語気が強くなったり、言葉づかいが荒くなったりしてしまいます。

一度感情を無にして、冷静に、今の事実のみを語ってみてください。

例えば、部下の仕事が遅々として進んでいないとき、「今までなにやっていたの？」とちょっと声を荒らげたくなるのを我慢して、「これだと、計画から○日遅れていて、納期に間に合いそうにありません」と事実を伝えるのです。

もう1つは、「2対1の法則」を意識することです。

あなたがしゃべるのを2、相手がしゃべるのを1にする。事実を述べて、質問で2、相手が答えるが1です。

例に準じて話を進めると、「これだと、計画から○日遅れていて、納期に間に合いそうにありません」「なにが原因？」と相手に投げかけます。

一方的にしゃべっていくと、有無を言わさない感じがして、相手が圧力を感じやすくなってしまいます。

相手にもしゃべらせてあげることで、感じる圧力は、少し弱まるものです。

そして、最後には必ず解決策やアドバイスを提示することが肝心です。

自分たちだけで、具体的な解決策やアイデアが出ない場合は、「上司に相談してみよう」というのも、立派な解決策の１つです。

解決策やアドバイスを最後に付け加えることで、叱責ではなく、助言へと昇華されるのです。

また、なにかを伝えるとき、頼むときは、できるだけ「○○だから」という理由をつけてください。

なんの目的でやらされるのか、わからないものをやることは非常にストレスになってしまうからです。

部下に注意するときに心がける7つのこと

1.	間違いを正すのは、部下のため
2.	自分の感情をのっけることはしない
3.	冷静に今の事実だけを語る
4.	しゃべるときの割合はあなた2、 相手1を心がける
5.	解決策やアドバイスを最後に必ず伝える
6.	解決策が出ないときは、ほかの人に相談する
7.	お願いをするときは、 お願いする理由を必ずつける

「放任ハラスメント」が、実は一番部下を傷つける

前項では、ハラスメントになりにくい伝え方などを紹介しましたが、どうも最近はそれを意識しすぎてか、**「部下に嫌われたくない」という思いが強すぎて、注意しないという弊害が起きている**ように感じます。

もちろん、人格否定や精神的に苦痛を与えることはあってはなりません。

しかし、だからといって、部下が間違っていることに注意をしないというのは、それこそ大間違いではないかと思います。

そもそも、ハラスメントとは、人を困らせること、いやがらせのことです。

部下に**的確な指導をしないことで困るのは部下。**

１人の力で仕事ができるようになる人などごく一部です。

指導で導いてあげなければ、なかなかその部下は「プロ」になれずに、いつまでたっても仕事が自分のものにはなりません。

あなたが嫌われたくないという個人的な思いで、**若い、一番伸びる時期を無駄に過ごさせることは、その人の人生にとって大きな損失**になります。

それこそ、放任することで相手を困らせる、いわば「放任ハラスメント」です。

そして、それは会社にとっても大きな損失になります。

注意どころか、嫌われたくないから、うっとうしいと思われたくないから、深く干渉しないという人も少なくないように感じます。

例えば、部下から休むと言われても体調を気づかっておしまいで、状態を把握していない。会議に不参加だけど、なにをしているか誰も知らない。

そんなことはないでしょうか。

チームで働いているのですから、部下の今の状況はとても重要な情報です。

ゲームで、自分の残りの体力だったり、何回までなら失敗してもいいのかだったりを知らないで、敵と戦うのは難しくないでしょうか。

「あまり干渉しすぎてもいやがるかな」と思って、部下に現状を聞かないのは、チームにとって損失でしかありませんし、自分の状態を言わないことがチームの損害になるとは知らずに働いている部下がかわいそうです。

もちろん、プライベートなことまでズカズカと踏み込むのはダメですが、仕事の上で必要な情報を聞くことで上司のことをいやがるような人は、チームで働く職場には残念ながら向いていません。

もちろん言い方などがその人を傷つけていないか、配慮と確認は必要ですが、一緒のチームとして成長してほしいという気持ちからくる注意や指導を遠慮することは、マネジメントをする人間としてあってはならないことだと感じます。

部下の「大丈夫です」は、大抵、大丈夫じゃない

「困ったことがあったら相談してね」と部下に言っても、なかなか相談にこない人がいます。

あなたにも、「相談したいけど、上司は忙しそうで話しかけづらい」と思った経験はないでしょうか。

第2章の「相談力」を語った箇所で紹介したような相談の重要性を話したり、30分考えてわからなかったら相談しろとルールを決めたりしても、関係が構築できていないと聞きづらいと感じるときがあります。

だからこそ、**最初のうちは、上司から「状況どう？」「順調に進んでいる？」と声がけすることが必要**なのです。

それを繰り返し、関係が構築されるのと比例するように、いずれは部下から相談にくる可能性が高まってきます。

こちらから問いかけたときに具体的な悩みが出てくればいいのですが、困るのが、「大丈夫です」という答え。

もし、「大丈夫です」とだけ答えられたなら、必ず今の状況とこれからやることも聞いてあげてください。

そこまで聞いて問題なければ、本当に大丈夫です。

なにが言いたいかというと、**「大丈夫です」という言葉を聞いて、それで安心して部下の席を離れないのが大切だということ**です。

「大丈夫です」の言い方がどこか暗くて迷っている感じなら大丈夫ではないことに気がつきやすいです。

ですが、なかには、その場を取《と》り繕《つくろ》うために、不安を押し殺して、元気に「大丈夫です」と言う人がいます。

さらには、今の自分の状況がいいのか悪いのかが判断つかない、もしくはなにを相談していいかがわからずにそう答える人もいるでしょう。

「大丈夫」は、疑ってかかってください。

また、部下が困っていないか、目配りをすることも上司としては大切です。

特に部下の挨拶の声には、気をつけてください。

いつもより声が小さかったり、言葉に覇気がなかったりすると、なにか困っていることがある可能性があります。

職場でのスイッチが入っていない状態なので、本当の自分の気持ちが出やすいのが挨拶ではないかと考えます。

挨拶が気になったなら、「元気ないね。なにか困っていない？」と上司のほうから声をかけてあげるのがいいでしょう。

会社ならではの大切なコミュニケーションとは

最後に、ちょっと時代に逆行しているかもしれませんが、仕事の時間以外で、仕事の話をするのは非常に効果的だと、私は考えます。

当社では、毎朝のミーティングや工程会議といった発言する機会や、先輩や上司から技術的な話や考え方を聞ける勉強会の場を設けています。

実際に毎朝のミーティングや工程会議を開いてみてわかったことがあります。

そのような場で発言するのはなかなか難しいということです。

経験のある社員でも自分の意見を発表したり、先輩や上司に質問をしたりすることがなかなかできていないのですから、若い人たちならばなおさら厳しいのかもしれません。

しかし、自分の成長を早めるためにも、**いろいろな人に相談できるというのは、非常にいい機会**です。

ですから、そのような場で発言できるようになるためにも、部下とご飯に行ったときや酒席であっても、できるだけ仕事の話をしてみてください。

「仕事が終わってまで仕事の話をしたくない」と思うかもしれませんが、少人数のほうが話しやすいものです。

いろいろな仕事に対しての意見や今の状況を聞いてあげて、相談に乗ってあげましょう。

それは、部下にとって非常にためになることですし、関係構築ができれば、仕事の場でも、相談や発言ができるようになるからです。

理解できていても先輩の考え方に、意見はおろか反対意見などを口にして嫌われたくないというのもあるでしょう。

上司や先輩が怖いから質問できないというのは、非常にもったいないことです。

たとえ失礼であろうが、**自分の考えを積極的に発言しないようでは、成長がないどころか、マイナスな事態**といえます。

余計な遠慮などせずにスムーズなコミュニケーションをとるには、お互いに人間としてもっと深いところで付き合うことも必要になります。

それには、部下とプライベートな時間を共有し、仲を深めることも大切ではないでしょうか。

当社では、会社としてもそのような場をつくろうと、積極的に歓迎会や忘年会、さらに社員旅行といった仕事の時間以外での社員コミュニケーションの機会をつくるイベントを催しています。

もちろん、なかには面倒くさいと思っている人もいるでしょうが、普段声を出さない人でも楽しんでいるようですし、あまり接点がない人同士が話しているようなので、まずは成功と判断しています。

しつこく言うようですが、仲が深まったら、ぜひプライベートの話だけでなく、仕事の話をしましょう。

プライベートが仕事に侵される感じで嫌悪感を抱いている人もいるかもしれませんが、話題の1つと考えれば、仕事の話ほどいい共通の話題はないのではないでしょうか。

話してみると、意外と楽しいと感じるかもしれませんよ。

COLUMN

中之島設計の中の人　入社2年目　男性

とことん疑うクセを持つことの大切さ

前職で、設備の施工管理を2年近くやっていて、いつかは設計のほうに携わりたいなと思っていたところに、中之島設計が募集をかけていたので入社しました。

施工管理をやっていたときに見てきた感覚だと、40代、50代が当たり前、30代でも若いという感じだったので、**入社したら、私の同じくらいの年代の人が多くて驚き**ましたね。

この年で設備設計の仕事に就けたのは、本当にラッキーでした。

設備設計は、建築の学校でもそんなに教えることはないので、そもそもやる人は少なく、若い人もあまり入ってこない業界です。

にもかかわらず、仕事は確実にある。

そして、年上が多いということは、今後何十年経ったら、上は引退していって、希少性はより高まっていくわけです。

とても穴場な業界なので、本当におすすめします。


私もまだこの業界に入って2年目に突入したというところですが、**設備設計に向いているのは、いろいろなことに疑いの目を持って、1つひとつのことを追求できる人**でしょうか。


クライアントや業者、上司も間違えてしまうことがあります。

しかし、設計にミスがあったまま、万が一施工されては大ごとです。

「誰々さんがこう言っていたから」とか「上司がこう言っていたから」では、すまされないのです。

本当に正しいのか、疑いの目を常に持ちながら進めることが大事です。

そもそも疑問を持たないというのは論外ですが、疑問を持っても「大丈夫だろう」と思って進めてしまう人もいます。

また、最後に検査があるのですが、クライアントは、それこそ疑いの目を持ってなぜこのような設計をしたのかを、追求してきます。

このときに、どんな質問でもきちっと答えなくてはなりません。

つまり、設計は、なんとなくこういう感じで線を引きましたではダメで、なぜそのようになったのか、それこそ**線の1本、1本まで根拠が必要**なのです。

その根拠を調べるのは、確かに慣れるまでは大変です。

しかし、簡単に根拠が見つけられないものを見つけたときは非常にうれしいですし、根拠を徹底的に調べたことで、検査のときにクライアントから受けた質問を全部、完璧に返せたときは、言いようのない達成感を覚えます。

ですから、頑張れば頑張るほど、見返りが多い仕事だと言えるかもしれません。

第5章

自分を成長させてくれる会社選びのコツ

「即戦力として期待している」と言う会社は危険

求人票の中でよく目にする「求む！　即戦力」という言葉に、私はとても違和感を覚えます。

即戦力ということは、**その会社に入社してすぐに売上を上げられる人、契約を獲得できる人ということ**になります。

それはそれでいいのですが、その会社が即戦力を求めているということは、即戦力のある社員が不足しているということなのかと思ってしまうのです。

仕事はいくらでもあるが、仕事をこなす人が少ない。それは、その会社がほかに問題を抱えているのかとさえ疑ってしまいます。

つまり、**人が育たない、育っても辞めてしまうといった状況**があるのではないでしょうか。

会社が社員を育てずに、まったく違う会社で育ってきた即戦力のある人に仕事を任せてしまうというのは、私にはどうにも理解できませんし、そういう人たちと一緒に仕事をやっていく自信はありません。

設備設計の業界で見ると、即戦力のある人は、自分のやり方やペースで仕事をしていく傾向にあり、それをとがめられようものなら、居心地が悪いと辞めてしまうような転職常習犯、そんな印象を拭い去れないのです。

高校や専門学校、大学の新卒者を採用するにあたって、会社がやらなくてはいけないのが新入社員教育です。

私の会社でも入社3年間は教育に力を入れていて、新人の売上や新規契約獲得といったところには期待していませんし、望んでもいません。

会社の使命として人材育成は欠かせないもので、それは将来的に会社に貢献できる人材を育てるためのもの。

それ以上に、なにかの縁でうちに入社してきた社員の将来を支援するためのものだと私は考えています。

社員を育てるよりも即戦力となる社員に重きをおいている会社は、社員の将来性よりも、明日の会社の売上が最重要に考えていることが多いです。

そんな会社の立脚点をしっかり見極めてください。

会社を選ぶときに、大切な指標となるものとは

368万、これなんの数字かわかりますか？

実はこれ、日本にある会社の数です（令和3年6月1日現在）。

これだけの数の会社があり、会社ごとにいろいろな特徴があります。

就職にしろ、転職にしろ、どこを選べばいいのか、人生の多くの時間を費やす場所を選ぶのですから、非常に重要なことです。


会社を選ぶ際に一番大切なことはなんなのか。

その会社でこれまで勉強してきたことが役に立つのか、やりたいことが叶えられる会社なのか、あるいは給料や福利厚生がしっかりしているのかとか、いろいろと、その人にとって基準があることでしょう。

しかし、**就職は理想通りにいくとは限りません。**

給料や福利厚生に関しては、ある程度、就職情報で想定できるかもしれません。

ですが、

「勉強してきたことで会社に貢献できる」

「自分がやりたいことができそうだ」

と思って入っても、

「希望する部署に配属されたけど、雑用に追われてばかり」「思っていた仕事の内容とは違った」「違う部署に配属されて、やりたいことができない」

という声は、いろんなところから聞こえてきます。

残念ながら、**実際に就く仕事の内容は、面接などによってすべてを理解することは不可能**ですし、自分のやりたい職種に、希望通りに配属されないことだってあるのです。

だからこそ、私が仕事選びで最も大事にしてほしいと願うのが、その会社が自分を成長させてくれるかどうかということです。

たとえ、**自分のイメージとはちょっと異なっていたり、希望とは異なる仕事に配属されたりしても、あなたを成長させるという会社なら、成長して得られる仕事の楽しさを味わえる**からです。

それによって、やっている仕事が天職だと感じることもあるでしょうし、たとえ違っても成長して得られた力は、次の仕事にきっと役立つはずです。

では、そんな会社を見極めるにはどうすればいいのか。

1つ指標となるのが、人事評価制度です。

人事評価制度には、その会社がどういう社員を求めていくのか、どんな成長を求めているのかが表れています。

つまり、新入社員や若い社員のそれぞれの能力を平等に評価し、その人が持つ特別な力を見出し、それを育み、武器として発揮できるよう、**その会社が社員をどう導いていくのかが表れています。**

人事評価の内容は、基本的には非開示でも問題ないので、全部教えてくれるところは少ないかもしれませんが、「御社の人事評価の中で、一番重きをおいているのはどこでしょうか」と面接で聞いてみてもよいでしょう。

もし、教えてくれるようならば、会社として人を成長させるための道がしっかりしている会社の証だと私は考えています。

実際、私の会社でも、評価表の導入を2025年4月からはじめるのですが、これをつくる過程で、どういう社員になってほしいのか、一人前の「プロ」として業界でやっていくためにはなにが必要なのかが、よりはっきりと見えたように感じました。

そして、私は**評価制度を全部、社内の人間に共有**しようと考えています。

このような社員になってほしいという道しるべなのに、隠しても意味がありません。

もちろん、公開することにより、「そんなことで評価されるのか」とがっかりされたり「自分とは合わない」と思われたり、自分はこの評価基準は満たされていると思うのに給料に反映されていないと思われたりするなど、デメリットはあるでしょう。

しかし私はそれでも、**こういう社員になってほしいと明言するメリットのほうが大きい**と考えました。

おそらくデメリットがある中で公開している会社は、社員の成長に重きをおいている会社ではないかと推測するのです。

そして、**人事評価制度を読んで、自分に合うと思えるならば、あなたの成長スピードが速い会社だと判断できる**のです。

人事評価制度がどういうものか理解していくため参考までに、当社の評価制度の内容の一部を紹介しておきます。

中之島設計の人事評価の一例

■設計職

等級項目	評価基準
挨拶	社内客先ともで、目を見て相手に聞こえるレベルの声量で挨拶する。挨拶をしていないスタッフがいたら、挨拶をすることの大切さを伝える。
日報作成	漏れなく偽りなく読み手が理解できるように、ありのままの報告を書く。できていない人がいたら、日報作成の意義を伝え、記入方法を教える。
整理整頓、清掃	自分の身の回り（机など）の整理・整頓・清掃をする。共用スペース（トイレ・廊下・キッチン・打ち合わせスペース・ゴミ箱など）を整理・整頓・清掃する。できていない人がいれば、上司なら総務に相談し、同僚部下なら注意する。
報告・連絡・相談	内容・タイミング・使用するツールなど正しい報告・連絡・相談のやり方を理解して正しく報告・連絡・相談する。ただし、まだ報告・連絡・相談すべき内容が精査できないうちは何でも報告・連絡・相談する。できていない人がいれば、上司なら総務に相談し、同僚部下なら注意する。
業務効率化	設計以外のムダな作業を極力なくして効率化を進めていくため、PDCAサイクルを正確かつ迅速にまわして、設計における量と質を向上する。
残業管理	残業管理をしていることの目的を正確に理解し、やむなく残業する場合は、ルールを守って適正に残業申請をする。目的を理解できていない、もしくは適切に残業申請できていない人がいれば、上司なら総務に相談し、同僚部下なら注意する。

車両管理	車両にかかる経費はみんなが努力をして得た利益だということを強く認識し、ムダ遣いや不正をしないようにする。車両の使用が必要な場合には事前に申請し許可を得たうえで使用する。
責任感	自分は報酬をもらって仕事をするプロフェッショナルだという自覚をもち、当事者意識をもって業務にあたる。 間違えたことをしている人がいれば勇気をもって注意指導する。見て見ぬふりをしない。
行動力	会社が指示する業務は言い訳せずに、まずは素直にやってみる。会社が指示することにはすべて理由があるので、その理由を考えながら業務に取り組む。そして、その意味をスタッフに伝えていく。
会社への帰属意識	会社の看板で今の自分の仕事ができているという自覚をもって、社外社内とも信頼関係の構築する。企業理念やビジョンを十分理解した上で行動する。
育成（傾聴）	部下や後輩を普段から観察し、定期的に面談を実施して傾聴し、部下や後輩の力量を把握したうえで、本人に合った教育を実施する。
工程管理	決まった工期内に収まるように日ごとの詳細工程を作成し、それを遵守する。できない場合は、できている人のものを見て学ぶ。上司はできていないスタッフに指導する。
品質管理	自分で作成した図面を自分でCKする。その後、社内CKされた内容を理解し修正点があれば同じミスがないように創意工夫する。自分ができるようになれば、他人のCKをする。
原価管理	物件に係る自分の作業時間を記入して管理し、予算内に業務を完了させる。また原価管理においては、原価管理表を適切に活用する。

■事務職

等級項目	評価基準
挨拶	社内客先ともで、目を見て相手に聞こえるレベルの声量で挨拶する。挨拶をしていないスタッフがいたら、挨拶をすることの大切さを伝える。
電話対応	積極的に電話をとり、相手が聞こえやすいようにハキハキと話す。取り次ぎ相手に正確に内容を伝える。まわりでできていない人がいたら、電話対応の営業における重要性を伝える。
整理整頓、清掃	自分の身の回り（机など）の整理・整頓・清掃をする。共用スペース（トイレ・廊下・キッチン・打ち合わせスペース・ゴミ箱など）を整理・整頓・清掃する。できていない人がいれば、上司なら総務に相談し、同僚部下なら注意する。
報告・連絡・相談	内容・タイミング・使用するツールなど正しい報告・連絡・相談のやり方を理解して正しく報告・連絡・相談する。ただし、まだ報告・連絡・相談すべき内容が精査できないうちは何でも報告・連絡・相談する。できていない人がいれば、上司なら総務に相談し、同僚部下なら注意する。
残業管理	残業管理をしていることの目的を正確に理解し、やむなく残業する場合は、ルールを守って適正に残業申請をする。目的を理解できていない、もしくは適切に残業申請できていない人がいれば、上司なら総務に相談し、同僚部下なら注意する。
経費精算	経費はみんなが努力をして得た利益だということを強く認識し、ムダ遣いや不正をしないようにする。必要な経費がある場合には事前に申請し許可を得たうえで、精算期限を厳守し経費精算する。

責任感	自分は報酬をもらって仕事をするプロフェッショナルだという自覚をもち、当事者意識をもって業務にあたる。 間違えたことをしている人がいれば勇気をもって注意指導する。見て見ぬふりをしない。
行動力	会社が指示する業務は言い訳せずに、まずは素直にやってみる。会社が指示することにはすべて理由があるので、その理由を考えながら業務に取り組む。そして、その意味をスタッフに伝えていく。
育成 (傾聴)	部下や後輩を普段から観察し、定期的に面談を実施して傾聴し、部下や後輩の力量を把握したうえで、本人に合った教育を実施する。
接遇	来客時はお茶を出し、所作・表情で良い印象を与えられるようにお客様と接する。
備品在庫 管理	ツールを使用して在庫を把握し、必要に応じて発注を行う。 また備品の使用については、適正に使用されているか確認する。
給与計算	専用ツール（SMILE）を使用し、正確に給与明細を発行する。
入札 手続き	入札情報速報サービス（NJSS）を確認し、会社に合う（入札資格がある）入札公告を入手する。参加申請をするために資料作成する。
契約関係	客先と見積書・注文書・請書・請求書のやり取りを迅速に行い、正確に整理整頓してデータを保存する。

安定を考えるなら、ニッチなインフラ業界を狙え

会社を選ぶときに、将来的に伸びる会社、安定した会社というのも、1つの基準となるでしょう。

先が見えない世の中ではありますが、1つ言えるのは、**ニッチなインフラ業界は狙い目**だということです。

グローバル経済となった現在、一般的な市場を相手にしている会社は生き残りが難しく、多角的な市場に進出していかなくてはならなくなっています。

近年では、印刷会社の凸版印刷が社名をTOPPANに変更して、社のグローバル化をアピールしました。

もはや印刷市場だけでは将来が見込めない、大きな利益は上げられないということで、いわばなんでもやってやるというスタンスになったのでしょう。

TOPPANに限らず、あらゆる会社が異業種の市場を研究しはじめています。これから躍進するであろう業界も視野に入れて動いているでしょうし、これまでアンタッチャブルとされてきたニッチな業界が狙い目という見解もあります。

ニッチな業界は、需要が限られているため競争は少ないですが、専門知識が必要になる仕事です。

イメージ的には、小さな世界を連想させられますが、実は最先端技術である半導体の材料や医療機器の材料を扱っている業界、特殊工具を扱っている会社もニッチの範《はん》疇《ちゅう》に入ります。

ニッチな業界の仕事を大会社が扱うには、それに特化した人材を育成するプログラムの作成や人材確保にそれ相応のコストがかかります。

費用対効果の面を鑑みれば、ニッチな業界に踏み入ることはそう簡単にはいかないでしょう。

実際、私どもが扱う設備設計もニッチな業界ですが、人材を育てるよりも、専門の協力事務所に外注したほうがコストの面だけ考えると、安くすんでしまうという現状があります。

さらにいえば、仕事が常にあるインフラ系の仕事であれば、なおいいでしょう。インフラ系とは、例えば次のようなものです。

- ■電気、ガス、水道などの生活基盤となる設備
- ■道路、鉄道、港、空港などの交通網
- ■電話やインターネットなどの通信網

■病院や学校といった公共施設
■会社が所有し、事業や業務に欠かせない設備

当社もニッチなインフラ業界の1つです。

だからこそ、しっかりと「プロ」として「周りから認められるような力が備われば、将来は明るいよ」と社員には自信を持って言っています。

設備設計の市場はかなり大きいものといえますし、建物の耐用年数が50年と言われているのに対し、設備機器の耐用年数は15年といわれている。そんな仕事だけに半永久的に継続できる仕事だといえます。

いずれにしろ、設備設計以外でも、ニッチなインフラの世界は、安心して着実にキャリアを積み上げられる世界だといえそうです。

質問に「自分で考えろ」と答える会社の未来は危うい

前述しましたが、私の信条の1つに、「仕事でわからないことがあったら、まず30分、自分の頭で考えなさい」というのがあります。

30分考えてわからないものは、どれだけ考えてもわからない可能性があるので考えるだけ無駄。周りの人に聞くようにするのが、成長につながるものです。

なにも考えずに、わからないからといって人に聞いても、その場限りのこと。

しかし、自分で考えてから聞くと、理解できるだけでなく、考える方向性が見えたりして、より深く物事のありようがわかるものなのです。

また、教えるということは、そのことについて深く知っていなければなりません し、それに付随することも知っておく必要があります。

人に教えることで情報が整理され、自分もしっかりと知識として定着するという効果もあるでしょう。

そのため、相談が日常的に行われることは、教える側のレベルアップにもつながるのです。

大切なチャンスを、忙しいとかいろいろな理由をつけて逃しているのです。

つまり、**「自分で考えろ」と指導する会社の人材はレベルが低く、それに伴って、その会社の将来性にも疑問を抱かざるを得ません。**

そんな上司のいる会社に入社しても、キャリアアップはなかなか難しいでしょうし、自分自身も次第に毒されて、やがては自分が後輩に「自分で考えろ」と言ってしまうことにもなりかねません。

そんなチームにはあまり未来がないのではと思ってしまいます。

おわりに

私ども中之島設計に在籍する社員のほとんどは、設計図すら書いたことがなかったような未経験者で、平均年齢も30歳ととても若い会社です。

なぜ私が、未経験者の若手を採用するようになったのか。それは、もちろん会社をよりよくするためというのが一番ですが、設備設計の業界の未来を守りたいという思いもありました。


皆さん、建築物の設計というと、なにを思い浮かべるでしょうか。

多くの人は、家の外観や内装の設計を思い浮かべるのではないでしょうか。

業界用語でいうと意匠設計と呼ばれるものです。

一方、私たちの仕事は、人が集うために必要な快適性を追い求めた電気設備や機械設備のシステムを構築する設備設計というものです。

私たちの仕事がなければ、電気もつかなければ、水も流れず、建築物は単なる巨大なハコでしかありません。

建築物の外観や内観が素晴らしいというのも大きな価値ですが、単なるハコと違う建築物ならではの価値は、その空間で人々が働いたり、暮らしたりして、いろいろな人々の生活、幸せがつむがれていくところにあります。

その一端を担う**設備設計という仕事は、非常に意義深く、やりがいのある仕事**だと自負しています。

しかし、その存在は一般的にはあまり知られていません。

おそらく、本書で知ったという人は多いのではないでしょうか。

建築の専門学校や大学でも設備設計を学ぶ時間というのは、非常に少なく、設備設計をやりたいと思っている学生さんは、ほぼいないのではないでしょうか。

そのような状況のため、私たちの業界は、なかなか若い人が入ってきません。

また、職人気質の業界であり、仕事の量を調整すれば1人で仕事ができてしまうので、人を育てようという取り組みをしているところは、ほとんど見かけません。

若い人がなかなか入ってこないし、育たなければ、待っているのは高齢化です。

そして、高齢になってどんどん引退する人が増えていく。

しかし、今建っている建物の数だけリノベーションの仕事があり、新しい建物が建つたびに仕事が増えていく。

このような状態では、近い将来、業界全体で仕事が回らなくなる。

仕事があるのに、業界が崩壊する。

そんな危機感から、未経験者の若い人を募集して、育てていくことにしたのです。

「今どきの若いやつなんてすぐ辞める」

「若いやつを雇ったことがあるけど、全然使えなかった」

同業者から、そんな声を浴びせかけられたこともありました。

しかし、そういった人たちは、若い人たちに今の仕事がどれだけ楽しいのか、そして楽しむためにはなにが必要なのかを、しっかりと示していなかったのではないかと思います。

どんな仕事にも、楽しさは隠れているはずです。

そして、人間は、貪欲に楽しいことを追い求める生き物です。

甲子園を目指して頑張る高校球児や、欲しい物を買うためにバイトを頑張って貯金をする人がいますよね。

彼や彼女らは、目指すものがあるからこそ、辛いことでも頑張れるのではないでしょうか。

そして、仕事ができるようになるにつれ、加速度的に仕事は楽しくなる。楽しさを感じたら人はどんどん伸びていく。

それは、今の若い人でも変わりませんし、むしろ若い人のほうが飲み込みが早いようにも感じます。

今、もし仕事について行き詰まりを感じている方、これから働くことに不安を持っている方がいたら、仕事は多くの楽しさを与えてくれるものだということを、どうか忘れないでください。

もし、**今辛くても、仕事ができるようになれば、「周りから信頼される楽しさ」「新しいことを覚えられる楽しさ」「頼られる楽しさ」「出世する楽しさ」などさまざまな楽しさが手に入ります。**

ですから、まずは、本書で書かれたことを参考にして、仕事ができるようになることに集中してください。

そして、なかなか難しいかもしれませんが、「日々の辛さ」に覆いかぶされがちな、新しいことができるようになった楽しさ、成長が実感できた楽しさ、ちょっとでも周りから褒められた楽しさに目を向けてほしいのです。

辛いなかでも、辛いからこそ得られていることがあるのを忘れないでほしいのです。

1つ断っておきたいのが、この仕事の楽しさとは、同僚と友達のように仲良くするというのとは少し違います。

人間関係がいいに越したことはないですが、そんなことは関係なく、1人ひとりが「プロ」として、「プロ」を目指して仕事をこなす上で得られる楽しさです。

「プロ」として、しっかり指摘することは指摘し、性格が合う、合わないに関係なく、仕事を成し遂げるために協力し合う。

そんな仕事の楽しみを得るために**貪欲な「プロ」の集まりこそ、いい会社**だと私は考えます。

当社もそんな集団を目指していこうと思っております。

最後に、当社が大事にしていることを掲載しておきます。

もし、少しでも当社のことが気になると思った方は、ぜひ一緒に働きましょう。

株式会社中之島設計 代表取締役　村井一雄

中之島設計が
社員に求めていること

一．相手がなぜそう言っているのか理解する

一．手を動かす前に頭を動かす

一．いい仕事は思いやりの中から生まれる

一．「お客さん」の「お客さん」の立場になって考える

一．「できた」は自分ではなく他人が決める

一．常になにのためかを考えて行動する

一．できない理由よりどうすればできるか

一．相手に伝わってなければ伝えてないと同じ

一．資格は自分自身の武器となる

一．説明は数字の根拠と併せてする

一．報告の主役は、常に自分であること

一．文字1つ、線1本から意味を説明できること

一．相手を想っての厳しさは互いの成長となる

一．与えられるのが当たり前と思わない

一．他人のことを言う前に、自分はどうか考える

一．言われたあとに「やります」と答えたということは、
それまで「やってなかった」ということ

一．「言ってます」「伝えてます」だけで、人は動かない

一．他人を巻き込む勇気を持つこと

最後まで読んでいただきありがとうございました。

今後、以下のアドレス（右のQR）にて、さまざまな情報を発信していく予定です。興味のある方は、ぜひご覧ください。

https://www.muraikazuo.com

僕らは、なにを武器に働けばいいのだろうか？

発行日　2025年2月14日　第1刷

著者　村井一雄

本書プロジェクトチーム
編集統括　柿内尚文
編集担当　中村悟志、宮崎由唯
デザイン　山之口正和、中島弥生子、齋藤友貴（OKIKATA）
編集協力　深澤廣和、葛西由恵、久保範明（インパクト）
企画協力　大橋高広
カバーイラスト　ゆの
本文イラスト　髙栁浩太郎
DTP　藤田ひかる（ユニオンワークス）
校正　久保京子

営業統括　丸山敏生
営業推進　増尾友裕、綱脇愛、桐山敦子、相澤いづみ、寺内未来子
販売促進　池田孝一郎、石井耕平、熊切絵理、菊山清佳、山口瑞穂、吉村寿美子、矢橋寛子、遠藤真知子、森田真紀、氏家和佳子
プロモーション　山田美恵

編集　小林英史、栗田亘、村上芳子、大住兼正、菊地貴広、山田吉之、福田麻衣、小澤由利子
メディア開発　池田剛、中山景、長野太介、入江翔子、志摩晃司
管理部　早坂裕子、生越こずえ、本間美咲
発行人　坂下毅

発行所　株式会社アスコム

〒105-0003
東京都港区西新橋2-23-1　3東洋海事ビル
TEL：03-5425-6625

印刷・製本　日経印刷株式会社

Printed in Japan ISBN 978-4-7762-1384-0